무용한 인간론

[일러두기]

1. 인명이나 지명은 국립국어원의 외래어 표기법을 따랐습니다. 단, 일부 명칭은 일반적으로 사용하는 것을 따랐습니다.
2. 본문의 각주는 편집자가 쓰고, 저자가 감수 및 보완하였습니다.
3. 본문에서 단행본은 《 》, 논문은 「 」, 영화 및 TV 프로그램명, 노래 제목은 〈 〉로 표기하였습니다.
4. 한글로 표기한 외래어의 발음은 저자의 표기법을 최대한 따랐습니다.

무용한 인간론

쓸모의 끝, 의미의 시작

최준형 지음

KNOWLEDGE

"인간이 만물의 척도이다."

_플라톤, 《테아이테토스》

--- 추천사 ---

AI와 로봇의 급속한 발달 속에서 인간은 과거에 경험해 보지 못한 낯선 도전과 불안에 직면하고 있습니다. AI와 로봇의 공격과 지배력에 대한 공포를 무작위로 나열하는 책과 보고서가 넘쳐나는 시절입니다. 그 가운데 불안이 가중되고 좌절감을 안겨주는 불확실한 상황에서 인간의 무용화에 대한 공포와 우려를 새로운 시각에서 인류의 긍정적 미래와 희망을 제시해 준 속시원한 책입니다.

과거부터 현재에 이르기까지의 시대의 변화를 날카로운 통찰로 종합적으로 분석해 AI와 로봇을 초월한 인간의 가치회복과 가능성을 가르쳐 줍니다. 막연한 예측과 나약한 불안에서 벗어나 인간의 새로운 의미와 희망의 메시지가 현실적이고 구체적인 표현으로 인류의 새로운 패러다임을 제시해 줍니다.

- 신제구, 서울과학종합대학원(aSSIST) 교수

--- 추천사 ---

저는 NCS로 '쓸모'를 정교하게 측정해 온 사람입니다. 그 과정에서 분명 성과는 올라갔지만, 사람을 움직이는 힘은 유용성만으로 설명되지 않는다는 사실을 현장에서 보았습니다. 다음을 돌보고 관계를 잇고 흔적을 남기려는 마음-에릭슨이 말한 생성감-이야말로 삶과 일이 지속되는 이유였습니다. 《무용한 인간론》은 직무와 성과의 언어를 넘어, 스킬의 가치를 "무엇을 해냈는가"에서 "누구의 삶을 어떻게 나아지게 했는가"로 전환하자고 제안합니다.

그래서 이 책은 일의 재정의이자 인간의 재정의입니다. 유용함의 압박 속에서 방향을 잃은 모두에게, 의미로 나아가는 단단하고도 따뜻한 설계도. 진심으로 권합니다.

- 한국스킬문화연구원장 김진실(前 국가직무능력표준원장)

들어가며

지금까지 인간만큼 유용한 존재는 없었다. 그렇다고 해서 인류가 아무 일도 없는 듯 평온했다는 말은 아니다. 인류는 가축, 기계, 컴퓨터 등 새로운 기술의 등장으로 끊임없이 유용함에 대한 도전을 받아왔다. 인류는 유용한 새로운 영역을 찾고 역할을 새롭게 정의하면서 도전에 대응해 왔다. 다행히 인류는 지금까지도 굳건하게 가장 유용한 존재의 지위를 유지했다. 하지만 이번엔 심상치 않다. 인간에 의해 만들어졌지만, 인간보다 더 유용해 보이는 존재가 등장했기 때문이다. 그것은 바로 AI와 로봇이다.

AI와 로봇 각각의 존재도 인간보다 뛰어난 능력을 갖추기 시작했다. 더 큰 문제는 AI와 로봇은 이제 결합하고 있다. 이들은 전혀 대체할 수 없을 것으로 생각했던 인간의 영역을 하나둘씩 위협하고 있다. 그러나 이것은 시작일 뿐이다. AI와 로봇의 발전은 지금부터가 시작이다. 더 당황스러운 것은 인간은 점진적으로 발전하는 것에 비해 AI와 로봇은 기하급수적으로 성장을 한다는 점이다. 인류와 'AI/로봇'의 유용함의 대결은 사실상 끝이 났다. 아직 일부의 영역에서 인간이 앞서있거나 AI, 로봇과 비슷한 수준에 있지만 이것도 얼마 남지 않았다. 인류는 역사상 처음으로 유용함의 경지에서 무용함의 땅으로 내려왔다.

무용함은 끝이 아니라 시작이다. 무용한 인간의 처지에 대해 이해를 돕기 위해 말에 비유해 예를 들어보자. 말(馬)은 오랫동안 인류에게 유용한 존재였다. 어떤 시기에는 사람보다 더 가치 있게 평가되기도 하였다(실제로 말이 유용했을 때는 말 한 필 사기 위해서는 노예 몇 명의 값을 치러야 했다). 인류에게 말은 오랫동안 운송수단으로 또 농업, 전쟁 수단으로 유용한 존재였다. 하지만 말은 어느 순간 인류에게 무용해졌다. 물류와 생산, 운송 등에 활용되며 최전성기를 맞은 말은 자동차가 발명된 이후 채 50년이 지나지 않아 유용한 존재의 자리에서 내려왔다. 말은 이제 동물원이나 경마장, 체험장 등에서만 볼 수 있는 쓰임이 변화한 의미의 존재가 되었다. 재미있는 점은 유용한 때에 비해 무용해진 지금 그 가치가 더 높아졌다. (1800년대 초 말 한 필은 현재 달러로 환산하면 $1,200~1,500 수준이지만 현재 일반 조랑말은 $4,000~10,000에 달하며, 고급 승마용 말은 $200,000에 달한다) 이전과 비교해 전혀 새로운 존재로 인식되고 있다는 점 또한 기억해야 한다.

시간이 흘러 인간도 말과 크게 다르지 않은 처지가 되었다. 인류는 지구상 가장 유용한 존재로 군림했다. 심지어 인간을 대체할 수 있는 유용한 그 모든 것 또한 인간에 의해 길들여지고 개발되었다. 인류는 기술이 발전하는 생산 환경에서도 역할을 바꿔가며 종횡무진 활약을 해왔다. 특이점이 오기 전까지 말이다. 하지만 AI와 로봇이 개발되고 본격적인 업무영역으로 들어오기 시작하면서 자동차가 개발된 이후의 말처럼 인간의 쓸모는 급격하게 위축되고 있다. 이것이 '무용한 인간론'을 주장하게 된 계기다. 말이 더 이상 마차와 쟁기를 끌지 않듯, 사람들도 더 이상 생산 주체 또는 수단으로서 가치를 급격하게 잃어갈 것이다. '인류는 앞으로 어떤 존재가 될 것인가?' 우리는 그 거대한 물음 앞에 서 있다.

가장 최고의 생산성을 가졌던 인류는 스스로 AI와 로봇을 개발하고 유용함의 왕관마저도 AI와 로봇에게 넘겨버렸다. 유용함으로 무장한 AI와 로봇 앞에서 인류는 무용해졌다. 안타깝게도 유용함의 세계는 냉정하게도 2등에게 관심과 기회를 주지 않는다. AI와 로봇은 2등의 손에 남아있는 조그만 비스킷 조각 하나까지도 모두 가져가 버릴 것이 분명하다. 다른 길을 찾아야 하고 이것이 신이 아닌 인간의 마지막 숙명이다.

하지만 이 숙명에는 역설적인 축복이 숨어있다. 인류 역사상 처음으로 우리는 '유용함'이라는 가치의 올무에서 벗어날 기회를 얻게 되었다는 점이다. 아이러니하게도, 가장 유용했던 존재가 스스로 만든 창조물에 의해 무용해짐으로써, 비로소 유용함에서 벗어나 존재 본연의 가치를 발견할 수 있게 된 것이다.

영국의 수학자이자 사회비평가 버트런드 러셀은 "인간이 일하는 것은 생존을 위해서지, 일 자체가 삶의 목적이 되어서는 안 된다"는 주장을 했다. 기술의 발전이 인간을 노동의 굴레에서 완전히 해방시키고, 예술, 관계, 지식의 추구 등 더 본질적인 활동에 시간을 쏟을 수 있게 해줄 것이다. 어쩌면 지금 우리가 직면한 '무용함'은 인류가 꿈꾸었던 그 해방의 시작일지도 모른다.

제목을 '인간 무용론'이 아니라 '무용한 인간론'이라 정한 이유는 '인간 무용론'은 '쓸모없어진 인간에 대해 이야기한다'는 뜻이다. 하지만 '무용한 인간론'은 '무용해진 인간에 대해 이야기한다'는 것이다. 비슷해 보이지만 엄연히 다르다. '인간 무용론'은 끝을 의미하고, '무용한 인간론'은 이전과 전혀 다른 존재가 된 인간의 새로운 시작을 이야기하려고 한다. 우리는 이 책을 통해 인간이 '왜 무용해졌는지', '어떻게 무용해졌는지', '무용한 인간은 무엇을 해야 할지'를 살펴보려 한다.

혹시 지금 이 책을 읽는 당신은 두려움을 느끼고 있는가? 그렇다면 그것은 당연한 반응이다. 수천 년간 우리 인류는 자신의 쓸모를 통해 가치를 증명해왔다. 그것이 사라진다는 생각은 당연히 실존적 공포를 불러일으킬 수밖에 없다. 하지만 무용함의 시대는 공포로 끝나지 않는다. 이미 무용해져 버린 말이 더 높은 가치와 새로운 의미를 발견했듯이, 인류도 그럴 것이다.

책 전반을 통해 무용해져 버린 인간의 삶을 탐구하며 우리에게 주어진 새로운 삶과 그 속의 희망을 발견해 볼 것이다. 이 희망은 단순한 위로나 미래에 대한 막연한 낙관이 아니다. 그것은 인류가 처음으로 '생산'이라는 굴레에서 벗어나, 존재 자체의 의미와 아름다움을 발견할 수 있는 역사적 기회에 대한 희망이다.

이미 무용해졌지만 여전히 유용하다고 생각하면 어떻게 될까? 최신 기술이 나왔는데 여전히 과거의 기술이 여전히 유용하다고 생각하는 사람을 만난 적 있는가? 이미 회사에서 퇴물이 되었으나, 여전히 나는 필요한 사람이라고 주장하는 사람을 만난 적 있는가? 이들의 비참한 최후는 보지 않아도 뻔하다. '무용한 인간론'을 받아들이지 않거나, 뒤늦게 받아들인다면 시간이 흐른 후 갑자기 찾아든 현실에 인간 무용론('인간이 필요없다'는 결론)에 빠지기 쉽다. 하지만 무용한 인간론을 받아들일 수 있다면 우리는 그 속에서 희망을 찾을 수 있다. 가장 비극적인 상황 속에서도 희망을 찾는다면 우리는 새로운 삶을 향해 용기 내 시도 할 수 있다.

다시 말해 '무용한 인간론'은 희망론이다.

무용해진 인류는 곧, 새로운 시작이자 희망이다. 그 시작은 생산과 효율의 명령에서 해방되어, 비로소 우리가 진정으로 '인간다움'의 의미를 재발견하는 여정이 될 것이다.

2025년 10월
최준형

차례

추천사   06
들어가며   08

|1부| 왜 인간은 무용해졌는가?

1장 무용한 인간의 시대

AI와 로봇의 진화론적 생태계   21
AI 고소득, 고숙련자를 대체하다   26
로봇 저소득, 저숙련자를 대체하다   32
일시적으로 늘어나는 인력 수요   38
노동량은 줄지만 증가하는 생산량   43
인간이 필요 없는 노동의 탄생   50

2장 무용한 인간 현상

'대퇴사의 시대' 그리고 '니트족'   57
창궐하는 정신질환   63
남아도는 시간의 홍수   67
혼자는 외롭고 함께는 불편한   72
모두가 리더가 된 세상   79
말로 시작해 말로 끝나는 일   84

| 2부 | 어떻게 인간은 무용해졌나?

3장 무용한 인간의 역사

인간과 자연의 시대: 자족　　　　　　　　　93
인간과 인간의 시대: 지배　　　　　　　　　98
인간과 가축의 시대: 착취　　　　　　　　　103
인간과 기계의 시대: 통제　　　　　　　　　108
인간과 컴퓨터의 시대: 협업　　　　　　　　113
인간과 AI/로봇의 시대: 황제 혹은 피지배　　118
로마 황제와 가축 그 어디에선가　　　　　　124

4장 무용한 인간의 하이라키

AI가 나를 위해 일하는 인간　　　　　　　　131
내가 AI를 위해 일하는 인간　　　　　　　　135
새로운 시대 계층의 두가지 축: 인간과 AI　　140
인간은 AI를 지배할 수 있을까?　　　　　　　145
AI는 인간을 지배할 수 있을까?　　　　　　　151
지배자 혹은 응석받이 그 사이에서　　　　　　155

| 3부 | 무용한 인간은 무엇을 하는가?

5장 무용한 인간에게 주어진 단 하나의 동사

요구의 의미 탐구   165
요구하는 유약한 인간   169
요구하는 절대강자   174
요구의 민주화   180
요구의 인플레이션   185
요구의 층위   191

6장 Demand it Yourself 시대 등장

Do it Yourself 시대에서 Demand it Yourself 시대로   199
일의 시작과 끝은 'Demamd'   204
'Needs'와 'Demamd'의 상관관계   209
모든 시도의 비용은 '0'으로 수렴하는 시대   214
무용한 것의 가치   219
다른 사람의 시간을 뺏거나, 관리하거나, 함께하거나   222
모든 것을 자동화한 시대에서의 '핸드메이드'의 가치   227

7장 무용한 인간의 시대에서 우리는

아직도 인간이 유용한 분야 찾아보기	233
정확하게 요구한다는 것의 의미	234
무엇을 좋아하고 재미있어 하나요?	236
당신는 AI 리더십 점수는?	237
혹시 당신은 결정장애?	239
브랜드 혹은 감성	240
당신의 시간은 누가 주인공?	242
무엇을 시도하고 있나요?	244
무용한 시대에서 의미찾기	245
'무엇을', '어떻게'는 사라지고 '왜'만 남은 세상	246

나오며 I am Who I am	248
참고 문헌	252

1부

왜 인간은 무용해졌는가?

1장	무용한 인간의 시대
2장	무용한 인간 현상

1장

무용한 인간의 시대

인류는 지금까지 가장 유용한 존재였다. 어떤 기계나 기술이 등장해도 인간은 항상 새로운 역할을 찾아내며 자신의 가치를 증명해왔다. 농업혁명에서 산업혁명, 정보혁명에 이르기까지 인간은 변화에 적응하며 오히려 더 높은 차원의 일을 담당해왔다. 하지만 이번에는 다르다. AI와 로봇의 등장은 인간의 존재 방식 자체를 뒤흔들고 있다. 이들은 단순히 인간의 일을 도와주는 도구가 아니라, 인간을 완전히 대체할 수 있는 존재로 성장하고 있다. 이 장에서는 왜 인간이 무용해지고 있는지, 그 변화의 구체적인 모습을 살펴보자.

AI와 로봇의 진화론적 생태계

2022년 말 ChatGPT 3.5의 등장으로 AI는 우리 일상에 완전히 자리 잡았다. 처음에는 인간의 언어와 표현을 어느 정도 모방하는 것만으로도 모두가 놀라 환호했다. 하지만 그 당시 서비스를 돌이켜 본다면 형편없다. 현재 ChatGPT는 문자와 음성, 이미지, 영상까지 인식하고 생성하며 심지어 화려한 동영상을 만들고 자연스러운 대화도 가능하다. 그리고 ChatGPT에 필적할 제미나이, 클로드, 그록, 퍼플렉시티 등 다양한 생성형 AI 모델이 등장했다. 생성형 AI는 2022년 말에 비해 비교할 수 없을 정도로 확장된 업무 범위와 처리 속도를 가지고 있다. AI는 앞으로도 기하급수적으로 성장할 것이다.

ChatGPT 3.5 첫 등장 당시에 비해 사람들의 사용 방식도 크게 달라졌다. 초기에 사람들은 ChatGPT에 시를 쓰게 하고, 단편 소설을 지어보게 했다. 또 스무고개를 했고 끝말잇기하며 가지고 놀았다. 그 당시 사람들은 생성형 AI로 무엇을 할 수 있는지, 어디까지 할 수 있는지를 확인하는 일종의 파일럿테스트였다. 지금은 그런 단순한 호기심을 넘어 본격적으로 업무에 적용하는 방법들을 찾아내고 활용하고 있다. 생성형 AI를 업무에 적극적으로 활용하는 사람들은 불편한 진실을 조금씩 깨우치기 시작했다. AI가 인간의 일을 모두 대체할 날이 머지않았다는 사실을 말이다.

AI가 화이트칼라를 대체하다

우리는 AI가 반복적이거나 단순한 지적능력이 필요한 업무를 대신할 것으로 생각했다. 하지만 우리의 예상은 완전히 빗나갔다. AI는 반복적이고 지적인 능력이 필요 없는 일보다 AI는 오히려 반복적이지 않고 지적인 업무에 적합하다. AI 기술은 과거의 기술과 다르게 고소득·고학력 근로자에게 더 큰 영향을 미칠 것으로 분석했다.

AI는 본격적으로 직업 세계에도 영향을 미치기 시작했다. AI 영향력 아래 놓인 대표적인 직업이 바로 '개발자'다. 개발자는 몇 년 전까지만 해도 AI 시대에서 절대 사라지지 않을 직업이라 여겨졌지만 최근 발표된 FRED 자료에 따르면 소프트웨어 개발자의 채용이 70%나 줄었다. 이유는 한 명의 뛰어난 개발자가 AI 도

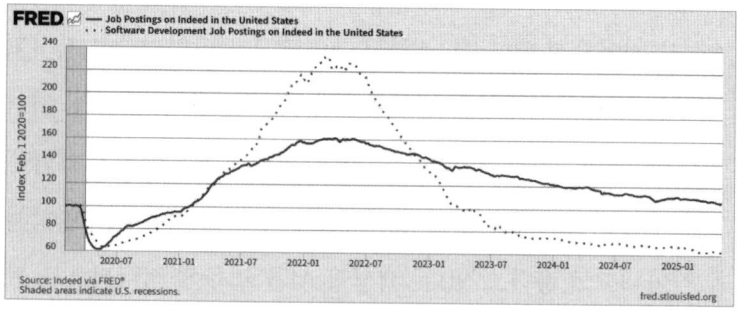

FRED 자료: 소프트웨어 개발자 채용 감소 추세

구를 활용해 5년 전 팀 전체가 했던 일을 할 수 있게 되었기 때문이다. 또한 신입 개발자 수준의 역할을 AI가 대신하게 되면서 채용이 급격하게 줄었다.

더 나아가 최근 바이브 코딩Vibe Coding이라는 개발 방식이 주목받고 있다. AI와 협업을 통해서 자연어로 코딩하는 방식을 뜻한다. 이제 AI와 협업하는 비 개발자가 고도의 개발 기술이 필요한 앱과 웹을 만들고 있다. 사람들은 직접 코드를 짜기보다 AI를 활용해 코딩하고 결과물을 검토하는 역할로 이동하고 있는 것이다. 머지않아 그 한 명의 뛰어난 개발자마저도 필요하지 않을 시대가 다가올지도 모를 일이다.

개발자는 자기 자신이 만들어낸 존재에 의해 대체되는 아이러니한 신세가 되었다. 책《직무의 종말》(2024)에서는 이들의 모습을 영화 〈스타워즈〉 시리즈의 '다스베이더(개발자)'와 '루크 스카이워커AI'의 대결로 설명한 바 있다. 모두가 알고 있듯 이 이야기는 '다스베이더(개발자)'가 '루크 스카이워커AI'에게 밀려나는 결말을 맞이한다.

로봇은 블루칼라를 대체한다

그렇다면 블루칼라는 어떨까? 블루칼라 직업군은 로봇이 빠르게 대체하고 있다. 로봇 시장은 급격하게 성장하고 있다. 루프벤처스 자료에 따르면 로봇 산업은 매년 20% 이상의 매출 성장을

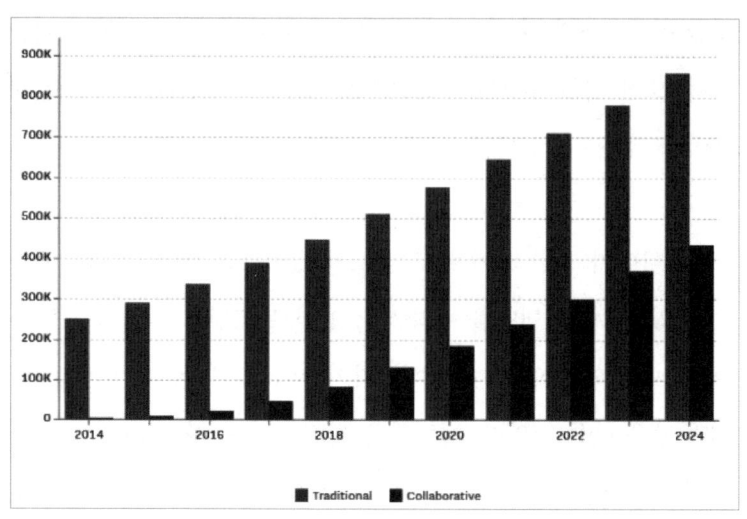

루프벤처스Loup Ventures 자료: 로봇 시장 성장 추세

보이고 있다. 특히 앞으로는 인간과 협업할 수 있는 지능을 갖춘 '협동 로봇'이 급격하게 증가할 것으로 전망된다. 현대자동차의 변화를 보면 이러한 추세를 명확히 확인할 수 있다. 현대차는 4족 보행 로봇 'SPOT'을 작업 현장에 투입하고 있다. 과거 인력이 담당했던 품질 점검, 기술 보안, 원격 모니터링 등 까다롭고 지능적인 업무도 이제 로봇이 담당하기 시작한 것이다. 또한 '보스턴 다이내믹스'에서 개발한 로봇을 보라. 감탄을 넘어 기괴해 보일 정도로 움직임이 정교하고 자연스럽다.

인간에게 남은 영역은 점점 좁아진다

AI는 화이트칼라 일을, 로봇은 블루칼라 일을 점점 더 빠르게 대체할 것이다. 하지만 다행히도 인간의 영역은 아직 완전히 사라지지 않았다. AI와 로봇이 담당할 수 없는 틈은 여전히 존재한다. AI는 인간의 지능을 대체하기 때문에 신체활동과 섬세한 손기술은 대체하기 어렵다. 또 로봇은 인간의 육체를 대체하기 때문에 복잡하게 계산된 움직임과 다양한 사고는 대체하기 어렵다.

AI와 로봇이 아직 대체하지 못한 일을 생각해보자. 정교한 수작업이나 프로 스포츠 선수의 역동적인 움직임, 그리고 리더십이나 설득, 협상 같은 고도의 사회적 활동은 여전히 인간의 영역이다. 하지만 이런 낙관적 전망에 안주하기에는 너무 이르다. 기술의 다음 단계는 AI와 로봇이 하나가 되는 통합 단계이기 때문이다. 이 기술이 완성되면 남아있는 인간의 영역마저도 AI와 로봇이 모두 가져갈 가능성이 크다.

인간은 자신의 무용함을 인식하기 시작했다

처음 사람들은 AI와 로봇을 환영했다. 지금까지의 기술과 같이 우리의 일을 편하게 해주는 도구라고 생각했기 때문이다. 하지만 이제 상황이 달라졌다. AI와 로봇이 인간에 비해 조금 부족하거나 비슷한 수준이지만, 앞으로 기술이 계속해서 발전하면 인간을 완전히 뛰어넘을 것임을 깨닫기 시작했기 때문이다.

마이크로소프트의 2024 업무동향지표 보고서에 따르면 직원 10명 중 7명이 업무에 AI를 활용하고 있다고 발표했다. 하지만 동시에 'BYO AI' 현상이 확산되고 있다. BYO AI는 'Bring Your Own

AI'의 약자로 개인이 결제해서 사용하고 있는 '내돈내산[1] AI'를 회사에 알리지 않고 몰래 직장에서 활용하고 있다는 의미다. 이러한 현상이 발생하는 이유를 크게 두 가지로 설명한다. 첫째, 자신이 AI를 활용한다는 사실이 관리자에게 알려지면 업무를 태만하게 한다고 평가받을 수 있다는 두려움이다. 둘째, AI를 업무에 적용한다는 것을 회사가 알게 되면 자신이 더 이상 필요 없다고 판단할 수 있다는 걱정 때문이다. 두 가지 원인 모두 인간의 노동이 가치를 잃어가고 있음을 자각하기 때문에 발생하고 있는 현상으로 해석할 수 있다.

지금까지 살펴본 것처럼 우리 인류는 점점 무용해지고 있는 현실을 조금씩 깨달아 가고 있거나 애써 외면하고 있다. 우리가 무용해졌다는 현실을 인정하기 어려운 이유는 아직 이런 상황에 심리적으로, 사회적으로 '무용한 인간'으로 사는 삶이 준비되어 있지 않기 때문이다.

AI 고소득, 고숙련자를 대체하다

2024년, 한국의 한 대형 로펌에서 놀라운 일이 일어났다. 신임 변호사 10명이 한 달간 처리한 계약서 검토 업무를 AI가 단 하루 만에 완료했다. 더 놀라운 것은 AI의 정확도가 신임 변호사보다

---

[1] '내 돈 주고 내가 산 물건'을 줄여 부르는 표현

더 높았다는 점이다.

인류의 역사에서 기술 변화에 고통받는 자들은 늘 사회적 약자였다. 하지만 AI 기술은 인류 역사상 처음으로 고소득, 고숙련 직업을 위협하고 있다. 이것이 AI 시대가 이전의 모든 기술 혁명과 근본적으로 다른 점이다.

숙련된 전문직의 운명

AI에 대체될 가능성이 가장 큰 직업에는 화학공학 기술자, 발전장치 조작원, 금속재료 공학 기술자와 같은 전문 직종이 다수 포함되어 있다. 특히 고소득 직업인 의사, 회계사, 자산운용가, 변호사는 AI에 대체될 가능성이 매우 큰 것으로 나타났다. 이러한 변화는 이전의 자동화 기술과는 전혀 다른 양상이다. 이전 자동화 기술은 단순 반복 작업을 대체했다. 저임금, 저숙련 노동자들의 일자리를 빼앗았다. 하지만 AI는 정반대다.

의료 분야도 살펴보자. 딥러닝 기반 AI 시스템이 유방암 진단에서 방사선 전문의와 비슷한 성능을 보이고 때로는 더 나은 결과를 낸다. 진단의 정확성이 생명과 직결되는 의료 분야에서 AI의 발전은 환자들에게 더 정확한 진단을 가능하게 했다. 의료용 AI의 등장은 의료 진단 전문가의 역할에 의문을 제기한다. 충분히 신뢰할 수 있는 AI가 등장한다면 의료 진단 전문가의 역할은 무엇일까?

금융 분야도 빠르게 변화하고 있다. 블랙록, 뱅가드와 같은 대형 자산운용사들은 AI 기반 투자 시스템을 확대하고 있다. AI 투자 시스템은 시장 데이터를 분석하고 투자 결정도 자동화한다. 금융 서비스 기업의 전문가들 사이에서 AI 도입률이 특히 높게 나타나고 있다. 앞으로 더 발달 된 AI가 등장한다면 금융 전문가들의 역할은 무엇일까?

떨어지는 지적 노동의 가치

지적 노동은 오랫동안 높은 임금과 사회적 지위를 보장해왔다. 그러나 AI의 등장으로 이러한 패러다임이 급격히 무너지고 있다는 것을 한국은행 보고서가 뒷받침한다.[2] 'AI가 대체할 가능성'이 10% 높으면 관련 일자리의 고용 비중이 7% 줄어든다. 또한 임금 상승률도 2% 낮아진다. 쉽게 말해 AI가 대체할 수 있는 지적 노동 일자리는 지금보다 가치가 떨어진다는 것이다.

법률 분야에서는 이미 그 변화가 현실이 되었다. 법률 서비스 기업의 74%가 이미 AI를 도입했다. 그로 인해 신임 변호사의 역할이 변화하고 있다. 한때 엘리트 직업으로 여겨지던 법률 검토와 계약서 작성은 이미 AI의 도움을 받는 영역이 되었다. AI가 단순 검토를 넘어 법률 분석까지 지원한다. 법률 서비스의 효율성은 높아졌다. 하지만 법률 전문가 역할에 대한 고민은 깊어지고 있다.

---

2 한국은행, 〈AI와 노동시장 변화〉, 한국은행 BOK 이슈노트 제2023-30호(2023.11.20.)

콘텐츠 제작 분야도 마찬가지다. 미디어 및 통신 산업에서는 마케팅 및 판매 분야에서 AI 도입률이 48%에 달한다. 서비스 운영 분야는 26%다. 이는 콘텐츠 제작 및 편집 과정에서도 AI의 역할이 커지고 있음을 뜻한다.[3] 지적 노동 분야에 AI가 광범위하게 사용되면서 지적 노동의 가치는 실제로 떨어지고 있다.

고학력 전문가의 위상 하락

우리는 교육이 더 나은 일자리를 얻는 데 도움 된다는 점에 의심의 여지가 없었다. 하지만 이제 교육의 환상은 깨지고 있다. 학력이 높아질수록 AI의 대체 가능성이 커지는 경향을 보이고 있기 때문이다. 대학원 졸업자의 AI 노출 지수(AI가 해당 직업의 업무를 얼마나 대체할 수 있는지를 나타내는 수치)는 고졸 이하 근로자보다 높게 나타났다. 이런 현상은 높은 교육 수준이 더 나은 일자리를 얻는데 '보험'이 되지 못하는 것을 뜻한다. 오히려 대학에서 배우는 표준화된 지식과 사고방식이 AI가 가장 쉽게 모방할 수 있는 영역이 되었다. 현재 대학 시스템이 가르치는 많은 내용이 생성형 AI로 쉽게 해결할 수 있게 되었기 때문이다.

AI는 전문가들의 독점적 지위를 빠르게 약화하고 있다. 의학, 법률, 금융 분야의 전문가들은 오랫동안 고도의 지식과 경험을

---

3 세계경제포럼, 〈The Future of Jobs Report〉, 2025

바탕으로 사회적 존중과 높은 소득을 누려왔다. 그러나 AI는 앞서 살펴봤듯 전문 지식을 빠르게 습득하고 있고 인간 전문가와 견줄 수 있는 결과를 만들어내고 있다.

AI가 법률 자문, 의료 진단, 재무 분석 등에서 전문가의 중요 기능을 보조할 수 있게 되면서 서비스의 허들이 낮아졌다. 예를 들어 의뢰인들이 더 이상 법률가만을 찾지 않는다. AI에 간단한 법률 자문을 구하고 AI를 활용해 법률 대응을 준비한다. 이러한 현상은 지식 독점의 시대가 막을 내리고 있음을 보여준다. 누구나 접근할 수 있는 것을 넘어서 누구나 전문 지식을 생산할 수 있게 되었다. 지금 지식은 더 이상 과거와 같이 존중받지 못한다.

여기서 전문가들은 두 가지 패턴으로 대응한다. 한 그룹은 AI를 적극적으로 활용하여 자신의 생산성을 높이는 'AI 확장자', 다른 그룹은 AI를 경계하며 거부하는 'AI 저항자'다. 누가 맞을까? 답은 이미 정해져 있다. 시간이 지날수록 AI를 능숙하게 활용하는 AI 확장자형 전문가들의 경쟁력이 높아지고 있다. 이러한 현상은 과거 엔진과 계산기, 컴퓨터, 스마트폰이 처음 등장했던 시기에도 똑같이 발생했다.

또한 AI를 효과적으로 활용하는 기업들은 그렇지 않은 기업들보다 더 높은 생산성과 수익성을 보인다. 이는 AI가 새로운 형태의 양극화를 만들어내고 있음을 의미한다. 전문가나 기업이나 AI를 통제하고 활용할 수 있는 소수와 그렇지 못한 다수로 나뉘는 것이다.

미래의 고숙련 직업은 어떻게 변할 것인가

고숙련 직업이 사라지는 것이 아니라 그 성격이 근본적으로 변화하고 있다. 미래에는 'AI로 업무를 대체할 수 있지만, 사회, 문화, 환경적으로 보호받는(AI 보완도가 높은)' 직업이 새로운 엘리트 직업군이 될 것으로 예상된다.

이러한 직업은 쉽게 말해 AI를 능숙하게 다루면서도 AI가 대체할 수 없는 독특한 인간적 역량을 발휘하는 직업이다. 판사를 그 예로 들어보자. AI가 판례를 분석하고 법리를 검토하는 데는 탁월하다. 하지만 최종 판결은 여전히 인간 판사의 몫이다. 왜일까? 판결에는 법리적 분석을 넘어선 윤리적 판단과 사회적 맥락에 대한 이해가 필요하기 때문이다. 무엇보다 사회 구성원들이 AI의 판결을 온전히 수용할 준비가 되어 있지 않다.

따라서 판사라는 직업은 'AI로 업무를 대체할 수 있지만, 사회, 문화, 환경적으로 보호받는' 직업이라 할 수 있다. 구체적으로 살펴보면, AI 보완도(AI와 협업할 수 있는 정도)가 높은 직업에는 의료 전문가, 기업 고위 임원, 종교 관련 종사자, 판사 등이 포함된다. 이들 직업은 고도의 윤리적 판단을 요구하고 공감 능력도 필요하다. 또 복잡한 상황에서의 의사결정은 AI가 아직 완전히 모방하지 못하는 영역이다.

한 가지 확실한 것은 미래의 고숙련 직업은 단순히 전문 지식을 보유하는 것이 아니라는 점이다. AI와 효과적으로 협업하고 인간만의 고유한 가치를 발휘할 수 있는 능력에 달려 있다. 이러한 변화는 우리가 생각하는 '전문성'의 개념 자체를 새롭게 정의해야 한다.

우리는 지금 역사의 전환점에 서 있다. 수천 년간 인간의 특권이었던 '생각하는 일'이 기계의 영역이 되고 있다. 우리가 지금까지 가장 가치 있다고 여겨왔던 지적 능력과 전문 지식의 가치가 급격히 하락하고 있는 시대에 살아가고 있다. 이는 단순히 일자리의 문제를 넘어선다. 지금 우리는 인류 역사상 처음으로 '지적 노동의 민주화'와 동시에 '인간 노동의 가치 하락'이라는 모순된 현상을 목격하고 있다. 문제는 이것이 시작에 불과하다는 점이다.

로봇, 저소득·저숙련자를 대체하다

시흥 공단의 한 자동차 부품 공장. 20년간 용접 작업을 해온 병준 씨(52세)는 해고 통지를 받았다. 그의 자리를 대신한 것은 24시간 쉬지 않고 일하는 용접 로봇이었다.

지적 노동의 가치가 하락하는 것이 전부가 아니다. AI가 고소득 직업을 위협하는 동안, 로봇은 저숙련 노동자들의 일자리를 빠르게 대체하고 있다. 로봇에 의한 저숙련 직업의 대체는 이미 수십 년 전부터 시작됐다. 하지만 최근 그 속도와 범위가 급격하게 확대되고 있고 우리 사회의 취약계층에 더 큰 위기로 다가오고 있다.

제조업을 넘어선 로봇의 활약

한국은 제조업 종사자 1만 명당 1천 대의 산업용 로봇(공장에서 조립, 용접, 도장 등의 작업을 자동으로 수행하는 기계)을 사용하고 있다. 이는 2위 싱가포르(670대), 3위 일본(399대)을 크게 앞서는 세계 최고 수준이다. 이처럼 높은 로봇 도입률은 한국 제조업의 자동화가 전 세계에서 가장 빠르게 진행되고 있음을 뜻한다.

산업용 로봇 노출 지수(로봇이 해당 직업의 업무를 얼마나 대체할 수 있는지를 나타내는 수치)가 10% 높아지면 관련 일자리의 고용 비중이 12% 감소한다. 임금 상승률은 5% 낮아진다. 쉽게 말해 산업용 로봇이 도입될수록 일자리와 임금에 영향을 준다는 말이다.

로봇 혁명은 이제 제조업을 넘어 물류, 유통, 서비스업으로 확산되고 있다. 물류 창고에서는 키바Kiva 로봇(아마존이 개발한 자율주행 물류 로봇), 자율주행 지게차, 포장 로봇 등이 인력을 빠르게 대체하고 있다. 쿠팡과 컬리 같은 기업들은 물류센터 자동화에 천문학적 금액을 투자하고 있다.

음식점에서는 조리 로봇과 서빙 로봇이 등장했다. 호텔에서는 객실 청소와 룸서비스를 담당하는 로봇이 늘어나고 있다. 일본의 헨 나 호텔은 무인 시스템을 도입해 직원 수를 대폭 줄였다. 건설 현장에서도 벽돌 쌓기, 페인트칠, 콘크리트 작업 등을 자동화하는 로봇이 활용되고 있다.

가장 취약한 계층이 먼저 밀려난다

산업용 로봇으로 대체될 가능성이 큰 일자리를 보자. 철도 및 전동차 기관사, 환경미화원, 건설구조 관련 기능 종사자, 도장 및 도금기 조작원, 물품 이동 장비 조작원, 하역 및 적재 단순 종사자 등이다.[4] 이들 직업은 전통적으로 저학력, 저소득 계층이 많이 종사하는 분야다.

로봇 기술의 발전은 저숙련 노동자들의 취약성을 더욱 심화시키고 있다. 왜일까? 저숙련 노동자들은 대체로 반복적이고 육체적인 업무를 담당하기 때문이다. 이는 로봇이 가장 쉽게 대체할 수 있는 영역이다. 더욱이 이들은 기술 변화에 적응할 수 있는 교육과 훈련 기회가 제한되어 있다.

특히 심각한 문제는 로봇에 대체된 저숙련 노동자들이 빠르게 새로운 직업을 찾기 어렵다는 점이다. 이를 '인간 메뚜기 떼' 현상이라 말한다.[5] 메뚜기 떼가 한 지역의 농작물을 모두 먹어 치우고 다른 지역으로 이동하듯, 로봇에 밀려난 노동자들이 대거 다른 직업영역으로 몰려가는 현상이다.

저학력 근로자가 새로운 기술을 습득해서 유망한 직업으로 전환할 가능성은 극히 작다. '기술에 도움을 받으면서 기술에 대체되지 않는' 영역으로 이동할 가능성은 0.8%에 불과했다.[6] 이는 로

---

4 한국은행, 〈AI와 노동시장 변화〉, 한국은행 BOK 이슈노트 제2023-30호(2023.11.20.)
5 최준형, 《직무의 종말》, 파지트, 2024
6 4에서 참조한 자료

봇에 의해 일자리를 잃은 저숙련 노동자들이 새로운 기술 환경에 적응하지 못한다는 뜻이다. 더 낮은 임금의 일자리로 밀려날 가능성이 크다.

임금 양극화의 가속화

로봇에 의한 자동화는 단순히 일자리를 없애는 것에 그치지 않는다. 앞서 살펴봤듯 임금 구조에도 큰 영향을 미친다. 산업용 로봇 노출 지수가 높은 일자리일수록 임금 상승률이 현저히 낮아진다. 로봇이 노동 공급을 증가시켜 저숙련 노동자의 임금 협상력을 약화시키기 때문이다.

이러한 현상은 임금 양극화를 심화시킨다. 로봇에 의해 대체되지 않는 고숙련 직업의 임금은 상승하는 반면 로봇과 경쟁해야 하는 저숙련 직업의 임금은 정체되거나 하락한다. 로봇이 인간 노동과 경쟁하게 되면서 저숙련 노동의 가격이 경쟁력을 잃고 있기 때문이다.

더욱 우려되는 점은 이러한 임금 양극화가 앞으로 더욱 심화될 가능성이 크다는 것이다. 로봇 기술은 계속 발전하고 있다. 로봇의 가격은 지속적으로 하락하고 있다. 이는 기업들이 더 많은 분야에서 인간 노동자를 로봇으로 대체할 유인을 높이고 있다.

로봇과 협업할 수 있을까

그러나 모든 상황이 비관적인 것만은 아니다. 로봇과 인간의 협업을 통해 새로운 가능성을 모색하는 시도도 늘어나고 있다. '협동 로봇(Cobot, 인간과 함께 안전하게 작업할 수 있도록 설계된 로봇)'은 완전한 대체가 아닌 보완적 관계를 추구한다.

자동차 공장에서는 무거운 부품을 들어 올리는 작업을 로봇이 담당한다. 정밀한 조립은 인간이 담당하며 협업이 이루어지고 있다. 이러한 형태는 작업 환경을 개선하고, 인간 노동자의 생산성을 높일 수 있다.

하지만 이러한 협업 모델이 모든 저숙련 노동자에게 적용될 수 있을지는 의문이다. 저숙련 노동 자체를 대체하기 위해 로봇이 개발되었기 때문이다. 또한 협동 로봇과 협업하기 위해서는 로봇을 다루는 기술과 지식이 필요한데 이는 저숙련 노동자들에게 새로운 교육과 훈련의 기회를 제공하거나, 적응하지 못하는 노동자들은 더 심각한 위기에 빠질 수 있다는 뜻이기도 하다.

개인의 노력으론 충분하지 않다

로봇화 시대에 저소득, 저숙련 노동자들을 위한 전략이 여러 전문가에 의해 제시되고 있다. 첫째, 로봇이 대체하기 어려운 '인간적' 역량을 키우는 것이다. 대인 관계 기술, 문제 해결 능력, 감정 노동 등은 로봇이 쉽게 모방하기 어려운 영역이다.

둘째, 로봇과 협업할 수 있는 기술을 습득하는 것이다. 로봇을 프로그래밍하거나 유지 보수하는 기술을 익힌다. 로봇과 함께 일하는 방법을 배운다. 이는 새로운 일자리 기회를 제공할 수 있다. 그러나 이러한 조언을 자세히 살펴보면 한 가지 문제가 있다. 이는 변화의 대응 방안이지 근본적인 해결책은 아니라는 점이다. 결국 인간 노동력의 가치는 낮아지고 있다. 로봇에 의한 저숙련 노동의 대체는 이미 돌이킬 수 없는 흐름이 되었다.

로봇 시대 노동시장의 변화에 적응한다면 단기적으로는 어느 정도 경쟁력을 갖출 수 있다. 하지만 중장기적으로 봤을 때는 불행하게도 인간의 노동력 자체가 무용해지고 있다. 개인의 노력만으로는 한계가 있다.

사회 전체적으로 로봇화로 인한 노동시장 변화에 대응해야 한다. 교육과 훈련 시스템을 재구축해야 하고 소득 불평등 심화에 대응하는 사회안전망을 강화해야 한다. 하지만 이런 사회적 대응도 결국 임시방편에 불과하다. 우리는 인간의 새로운 가능성을 찾아야 한다.

우리는 이제 '인간답다는 것'의 의미를 다시 써야 한다. 더 빠르고, 더 정확하고, 더 오래 일하는 것이 인간의 가치가 아닌 시대가 온 것이다. 생산성과 효율성이 아닌 다른 차원에서 인간의 가치를 재정의해야 할 시점에 와 있다.

일시적으로 늘어나는 인력 수요

2023년, 한국의 IT 기업들은 AI 개발자를 구하기 위해 연봉을 50% 인상했다. 하지만 2024년 들어 상황이 바뀌었다. 구글은 개발팀의 25%를 감축했다. 메타는 기술직 1만 명을 해고했다. AI가 발전할수록 역설적으로 AI 개발자도 줄어들고 있다.

로봇과 AI가 인간 일자리를 빼앗는 것만이 전부는 아니다. 새로운 기술 혁명이 발생할 때마다 인력 수요가 일시적으로 증가하는 현상이 나타난다. 새로운 기술을 알리고 적용하는 데 인간이 필요하기 때문이다. 하지만 AI와 로봇의 등장은 기존의 기술 변화와는 다르다. AI와 로봇은 인간의 노동력을 근본적으로 대체하는 특성이 있기 때문이다.

인간-AI 협업의 중재자 역할

기업이 AI를 적극적으로 도입하면서 AI 관련 인력 채용이 늘어났다. 흥미로운 점은 시간이 지나면서 인력 수요의 특성이 변하고 있다는 것이다.

생성형 AI 도입 초기에는 AI 개발자 수요가 높았다. 데이터 과학자와 데이터 엔지니어도 인기였다. 하지만 생성형 AI가 보급되기 시작하면서 AI를 활용하는 도메인 전문가의 수요가 늘고 있고 AI 윤리 전문가에 관한 관심도 높아졌다. AI와 로봇이 업무 환경에 녹아들면서 인간과 기계 사이의 중재자 역할이 강조되고 있다. 이들은 AI와 로봇 시스템을 인간이 편하고 효율적으로 사용할 수 있도록 돕는다.

예를 들어, AI 코디네이터는 AI 시스템과 인간팀 사이의 업무 흐름을 조율한다. AI 트레이너는 AI 시스템이 인간의 행동과 의도를 더 잘 이해할 수 있도록 훈련 시킨다. AI 프롬프트 엔지니어(AI에 효과적인 질문과 명령을 만드는 전문가)도 새롭게 등장한 직업이다. 정리하면 AI와 로봇 그리고 인간을 잇는 역할의 인력 수요가 늘고 있다는 것이다.

아직은 AI와 로봇이 인간의 공감 능력을 완전히 대체하지 못하고 감정 이해나 상황 적응력도 마찬가지다. 특히 고령화가 진행됨에 따라 의료 및 돌봄 서비스에 대한 수요가 증가하고 있지만 해당 분야는 기능적 의료와 돌봄을 넘어 인간의 따뜻한 손길과 감정적 연결이 여전히 중요하다.

교육 분야에서도 비슷한 현상이 나타나고 있다. 대학 및 중등교육 교사 같은 교육 분야 직무도 함께 성장할 전망이다. AI가 지식 전달 측면에서는 뛰어난 능력을 보인다. 하지만 학생들의 동기부여, 인성 교육, 창의성 발달 등에 있어서는 인간 교사의 역할이 여전히 중요하게 평가되고 있다. 아직은 AI와 로봇을 위해 인간이 해야 할 일들이 남아있다.

과도기적 수요의 한계

아쉽게도 이러한 인력 수요 증가는 과도기적 현상일 가능성이 크다. 역사적으로 새로운 기술이 도입될 때마다 초기에는 해당 기술을 다루는 전문가에 대한 수요가 급증했다. 하지만 기술이 성숙하고 표준화되면서 점차 감소하는 패턴을 보였다.

산업혁명 초기에는 증기기관을 다루는 기술자가 부족했고, 컴퓨터 시대 초기에는 프로그래머가 부족했다. 하지만 시간이 지나면서 이들 직업의 수요는 급격히 줄어들었다. 현재 AI와 로봇 기술도 비슷한 궤적을 따르고 있다. AI 관련 역할에 대한 채용 어려움이 2022년과 2023년에 비해 2024년에는 상당히 완화되었다. 이는 AI 기술이 점차 표준화되고 있음을 뜻한다.

하지만 앞으로는 어떨까? AI와 로봇 기술이 이전 기술과 다른 점은 인간의 노동력 자체를 대체한다는 점이다. 더욱이 AI와 로봇은 기술 자체가 자기 발전적(스스로 학습하고 개선하는) 성격을 갖고 있다. 지금까지는 AI와 로봇을 개발하는데 인간이 어느 정도 개입해야 했다. 앞으로는 AI와 로봇 스스로 자기 자신을 개발하고 관리하게 될 것이다.

지금까지 인간에게 남아있는 중간자 역할도 AI와 로봇이 충분히 대체할 수 있는 영역이다. 결국 현재 AI와 로봇의 개발과 관리를 담당하는 인력의 상당 부분도 미래에는 AI와 로봇에 의해 대체될 것이다. AI와 로봇이 스스로 코드를 작성하고, 최적화하고, 오류를 수정하는 능력이 향상되면서 AI와 로봇 개발자의 역할도 점차 축소될 것이다.

직업의 유통기한이 짧아진다

디지털 시대에는 새로운 직업의 생명주기가 더욱 짧아지고 있다. 과거에는 새로운 직업이 등장하면 수십 년에 걸쳐 안정적으로 유지되었다. 현재는 기술 변화 속도가 너무 빨라 새로운 직업의 수명이 크게 단축되고 있다.

웹 디자이너와 HTML 코더를 보자. 인터넷 초창기, 이 직업의 시장 수요가 매우 컸다. 하지만 웹 기술이 표준화되고 자동화 도구가 등장하면서 그 수요가 급감했다. 지금은 드래그 앤 드롭으로 웹사이트를 만들 수 있는 시대다. 마찬가지로, 현재 각광 받는 직업들도 위험하다. AI 프롬프트 엔지니어는 AI가 더 똑똑해지면 불필요해진다. 데이터 레이블러(AI 학습을 위해 데이터에 정답을 표시하는 작업자)도 AI가 스스로 학습하게 되면 사라질 것이다.

따라서 현재의 인력 수요 증가를 장기적인 추세로 보기는 어렵다. 세계경제포럼에서는 2030년까지 9,200만 개 일자리가 사라지고 1억 7,000만 개 일자리가 새롭게 등장한다고 전망했다. 일자리가 오히려 증가하는 것처럼 보이지만 이는 AI와 로봇 시대로의 전환 과정에서 나타나는 과도기적 현상으로 보아야 한다. AI와 로봇의 최종 목표는 인간 개입 없이도 알아서 일을 처리하는 것이기 때문이다.

모든 것이 자동화되는 미래

미래를 준비하는 관점에서, 현재 증가하고 있는 일자리 수요에 단순히 적응하는 것보다는 더 근본적인 변화에 대비하는 것이 중요하다. AI와 로봇 기술은 지속적으로 발전하고 있다. 현재 인간이 담당하는 역할의 상당 부분을 AI와 로봇이 대체할 가능성이 크다.

KDI 2024년 하반기 경제전망 연구에 따르면 AI와 로봇을 활용한 기술은 전체 일자리 10개 중 4개에서 70% 이상의 업무를 대체할 수 있다. 2030년에는 국내 일자리 10개 가운데 9개는 90% 이상의 업무를 AI와 로봇으로 대체 가능하다는 분석도 있다. 다시 말해 인간이 일에 개입할 수 있는 영역 자체가 줄어들고 있다는 말이다.

초자동화(AI와 로봇이 인간 개입 없이 모든 업무를 처리하는 상태) 시대가 오면 어떻게 될까? 현재 AI 개발자, 로봇 엔지니어, AI 트레이너 같은 직업들도 결국 AI와 로봇이 스스로 담당하게 될 것이다. 인간이 AI를 가르치는 것이 아니라, AI가 AI를 가르치는 시대가 올 것이다.

구글의 알파고가 자가 대국을 통해 인간 최고 수준을 뛰어넘었듯이, AI는 이미 스스로 학습하고 발전하는 능력을 보여주고 있다. 이런 추세가 계속된다면 인간의 개입이 필요한 영역은 점점 줄어들 것이다.

지금의 AI 일자리 붐에 현혹되지 말자. 진짜 중요한 질문은

'일자리 없는 미래에 인간은 무엇으로 살아갈 것인가'다. 현재 나타나고 있는 인력 수요 증가는 AI와 로봇 시대로의 전환 과정에서 발생하는 일시적인 현상일 가능성이 크다. 우리는 인력 수요가 일시적으로 증가하는 현상 속에서 이전과 전혀 다른 새로운 인류의 가치를 찾아야 할 시점에 서 있다.

노동량은 줄지만 증가하는 생산량

일시적 수요도 결국 끝난다. 진짜 변화는 이제부터다. 테슬라는 2023년 직원 14만 명으로 전년 대비 3.3% 감소했다. 하지만 같은 기간 차량 생산량은 35% 증가했다. 더 적은 사람이 더 많이 생산하는 시대가 왔다. 이것이 AI와 로봇 시대의 핵심이다. 인력은 줄이지만 생산은 늘린다.

쇼피파이shopify의 CEO는 전 직원들에게 선포했다. 업무에 생성형 AI를 기본적으로 도입하고, 생성형 AI 활용 능력을 인사고과에 반영할 것이며, 인력 채용 또한 AI로 할 수 없는 일로 제한하겠다고 말이다. 기업의 HR 전략이 과거와 완전히 달라졌음을 의미한다.

더 적은 사람, 더 많은 생산

AI와 로봇 기술의 발전으로 생산성이 급격히 향상되고 있다.

우리나라는 고령화와 생산가능인구(경제활동이 가능한 15~64세 인구) 감소로 걱정하고 있는 나라 중 하나다. 지금과 같은 시스템으로는 GDP가 떨어질 것이 분명하다.

하지만 AI와 로봇의 도입은 다른 결과를 만들어낸다. 한국경제의 생산성을 1.1~3.2% 높일 수 있고 GDP를 4.2~12.6% 높일 수 있다고 전망한다.[7] AI와 로봇은 인구 감소로 노동 생산성이 떨어지고 있는 나라에 희망이 되고 있다. AI와 로봇의 생산성 효과는 노동력 감소의 영향을 상쇄하고도 남을 정도다.

공급망 및 재고관리 분야에 AI를 도입한 기업의 61%가 비용 감소 효과를 봤다. 서비스 운영 분야에서는 기업 10개 중 6곳이 비용을 절감했다. 이러한 변화는 AI와 로봇의 도입으로 더 적은 인력으로도 더 많은 성과를 낼 수 있게 되었음을 뜻한다.

생산성 향상은 단순히 양적인 측면만이 아니다. 질적인 측면에서도 나타난다. AI와 로봇은 인간보다 더 정확하고 일관된 성능을 발휘한다. 오류와 낭비를 줄이고 24시간 일한다. 태업도, 피로도, 집중력 저하도 없다. 생산량의 차이뿐만 아니라 생산의 질 측면에서도 더 적은 인력으로 더 다양하고 양질의 제품과 서비스를 생산할 수 있게 되었다.

---

[7] 한국은행, 〈AI와 노동시장 변화〉, 한국은행 BOK 이슈노트 제2023-30호(2023.11.20.)

일하는 시간이 줄어든다

역사적으로 볼 때, 기술 발전과 함께 인간의 노동 시간은 지속해서 감소했다. 산업혁명 초기에는 노동자들이 주 70시간 이상 일하는 것이 일반적이었다. 놀랍게도 대한민국은 2000년대 초반까지만 하더라도 비정규직의 경우 주당 70시간 근무하는 경우도 있었다고 연구된 바 있다.[8] 현대 사회에서는 주 40시간 근무가 표준이 되었다. 이러한 변화 배경에는 기술 발전으로 인한 생산성 향상이 있었다.

하지만 과거의 기술 혁명과 현재는 근본적인 차이가 있다. 과거에는 기술이 인간의 육체적 노동을 대체했다. 증기기관이 인간의 근력을 대체했다. 하지만 인간의 두뇌와 판단력은 여전히 필요했다. 현재 AI와 로봇의 시대는 다르다. AI는 인간의 사고와 일부 판단 능력까지 대체하고 있다. 로봇은 정밀한 손동작까지 모방한다. 이는 과거와 비교할 수 없을 정도로 광범위하고 근본적인 변화다.

현재 AI를 적극적으로 활용하는 직원은 하루 2시간을 절약한다. 업무시간 8시간이 6시간으로 줄어들고 절약한 2시간을 4일 모으면 8시간이다.[9] 주 5일 중 하루는 일하지 않아도 된다는 계산이 나온다. 문제는 AI와 로봇 기술의 발전은 시작에 불과하다는

---

8 신영민 외 「한국의 노동시간 계층화에 대한 연구」, 『한국사회정책 제23권 제3호』, 2016
9 McKinsey, 〈The state of AI: How organizations are rewiring to capture value〉, 2025

점이다. 앞으로 AI와 로봇은 노동자들에게 더 많은 자유시간을 줄 것이 분명하다.

OECD 데이터에 따르면, 대부분의 선진국에서 1인당 연간 평균 근로 시간은 지난 수십 년간 지속해서 감소했다. 특히 기술 발전이 빠른 국가일수록 노동 시간 감소 폭이 더 큰 경향을 보인다. 여러 국가에서 주 4일 근무제나 근무시간 단축에 대한 논의가 활발히 진행되고 있다. 이는 기술 발전으로 같은 양의 생산을 위해 필요한 노동 시간이 줄고 있다는 뜻으로 해석할 수 있다.

경제는 커지는데 일자리는 사라진다

AI와 로봇 시대의 가장 주목할 만한 특징 중 하나는 '고용 없는 성장Jobless Growth' 현상이다. 경제는 성장하지만, 일자리는 그에 비례하여 증가하지 않는 현상을 말한다. 과거에는 경제 성장률과 고용 증가율 사이에는 밀접한 상관관계가 있었다. 기술 발전으로 인해 이 관계가 약화 되고 있다.

아마존을 보자. 2021년 기준 직원 수가 160만 명이었다. 2024년 150만 명으로 감소했다. 약 3년 만에 10만 명이 줄어든 것이다. 인력이 줄어든 대신 로봇 도입률은 크게 뛰었다. 2019년 20만 대 수준이었던 아마존 로봇 도입 대수는 2022년에는 52만 대로 2.6배 증가했다.[10] 인간 노동자를 줄이고 로봇을 도입하는 이유는 간

---

10 "아마존, 로봇 자동화로 10만 명 감축...이미 도래한 노동시장 변화", 디지털투데이(2024.4.23.)

단하다. 인력 없이도 생산성을 높일 수 있기 때문이다.

이런 현상이 과거 기술 혁명과 다른 점은 무엇일까? 과거에는 기술이 일자리를 없애면 새로운 일자리가 창출되었다. 농업에서 밀려난 사람들이 공장으로 갔고, 공장에서 밀려난 사람들이 서비스업으로 갔다. 하지만 AI와 로봇은 모든 영역을 동시에 침범하고 있다. (세계경제포럼에서는 더 많은 일자리가 창출될 것으로 분석하고 있지만 실제로 그렇게 될지는 지켜봐야 할 부분이다) 대안적 일자리 영역이 빠르게 줄어들 것으로 전망한다.

특히 서비스 운영, 공급망 및 재고관리 분야에서 AI와 로봇으로 인한 인력 감소를 예상하는 비율이 높다. 이는 AI와 로봇이 이전에는 인간 노동에 크게 의존했던 분야에서도 효율적으로 업무를 수행할 수 있게 되었음을 뜻한다.

기업의 변화하는 인력 관리 전략

기업들은 이러한 환경 변화에 발맞춰 인력 관리 전략을 조정하고 있다. 기업들은 AI 도입으로 인한 시간 절약을 주로 세 가지 방식으로 관리하고 있다. 직원들에게 완전히 새로운 활동을 부여한다. 기존 책임에 더 많은 시간을 할애하도록 한다. 또는 직원 수를 감축한다.

동시에 기업들은 남아있는 직원들의 역량을 높이는 데 투자하고 있다. 세계경제포럼에 따르면, 전체 응답자의 85%는 직원 역량 강화를 우선순위로 삼고 있다. 50%는 쇠퇴 직무에서 성장 직무로의 내부 전환을 계획하고 있다.[11] 이는 AI와 로봇이 대체하기 어려운 영역에서 인간 노동의 가치를 높이려는 시도로 볼 수 있다.

이러한 기업의 전략을 구체적으로 따져보자. AI와 로봇의 생산성에 밀려난 인력을 아직 AI와 로봇이 할 수 없는 영역으로 옮기고 있다는 것이다. 하지만 결국 옮겨진 자리에도 AI와 로봇이 들어선다면? 기업은 결국 인력 감축을 선택하게 된다.

실제로 많은 기업들이 이미 이 단계에 진입했다. 구글은 2024년 개발팀의 25%를 감축했고 메타는 기술직 1만 명을 해고했다. 마이크로소프트 또한 대규모 인력 구조조정을 단행했다. AI를 가장 잘 활용해 성장을 이루고 있는 기업들조차 인력을 줄이고 있는 것이 현실이다.

생산하지 않아도 되는 인간

'노동량이 줄어들면서도 생산량이 증가하는 현상'은 인간의 경제적 역할과 가치에 대해 전혀 새로운 접근이 필요함을 말하고 있다. 산업 사회에서 인간의 가치는 주로 생산 과정의 기여도로 측정되었다. 그러나 점차 AI와 로봇이 생산을 담당하는 시대에서 인간의 가치는 어디에서 찾아야 할까?

이는 '무용한 인간'이라는 개념의 핵심에 있는 질문으로 연결

---

11 세계경제포럼, 〈The Future of Jobs Report〉, 2025

된다. 인간이 생산 과정에서 점점 더 적은 역할을 담당하게 된다면, 우리는 어떻게 자신의 가치와 의미를 재정립해야 할까? 역사적으로 인류는 항상 '무엇을 만들어낼 것인가'에 집중했다. 더 좋은 도구를 어떻게 만들 것인가, 얼마나 더 빠른 교통수단을 개발할 것인가. 인간의 모든 에너지가 생산에 집중되었다. 하지만 AI와 로봇이 대부분의 생산을 담당한다면 어떻게 될까?

인간은 처음으로 '생산'이 아닌 다른 것에 집중할 수 있게 되었다. 생산성과 효율성을 넘어, 인간 존재의 다른 측면들이 더 중요한 가치로 부상할 수 있다. 관계 맺기, 감정 경험, 문화적 창조, 철학적 사유 같은 것들 말이다.

세계경제포럼의 보고서가 예측하듯이, 미래에는 창의적 사고, 회복탄력성, 유연성, 민첩성과 같은 인간적 역량이 더욱 중요해질 것이다. 하지만 이는 단순히 일자리를 지키기 위한 역량이 아니다. 인간으로서의 본질적 가치를 재정의하는 데 필요한 역량이다.

노동량은 줄어들지만 생산량은 증가하는 현대 사회에서, 인간은 생산 주체로서의 정체성을 넘어 새로운 존재 방식을 고민해야 한다. 무용한 인간이 된다는 것은 단순히 경제적 역할의 상실을 의미하는 것이 아니다. 이러한 변화는 인간 존재의 새로운 의미와 가치를 발견할 기회이기 때문이다.

인간이 필요 없는 노동의 탄생

생산에서 배제되는 것도 모자라, 이제 생산 현장 자체에서 인간이 사라지고 있다. 중국 창핑구의 샤오미 스마트폰 공장은 불이 꺼져있다. 사람이 없기 때문이다. 24시간 쉬지 않고 돌아가는 생산라인에 인간은 한 명도 없다. 이 공장은 1초에 스마트폰 1대를 생산한다. 연간 1,000만 대의 플래그십 스마트폰 생산 능력을 갖추고 있다.[12] 다크팩토리(Dark Factory, 사람이 없어 조명조차 필요 없는 완전 자동화 공장)는 더 이상 미래의 이야기가 아니다. 인간 노동자의 투입 없이 생산이 가능한 시대가 이미 우리 곁으로 다가와 있다.

사람 없이 돌아가는 공장

과거의 자동화는 주로 인간이 설계하고 감독하는 제한된 범위 내에서 이루어졌다. 그러나 AI와 로봇 기술의 발전으로 인간의 개입 없이도 자율적으로 작동하는 시스템이 등장하고 있다. 이러한 시스템은 스스로 환경을 인식하고 결정을 내릴 뿐만 아니라 문제를 해결한다.

테슬라의 상하이 기가팩토리는 자동화율이 95%에 이른다. 테슬라가 최근 공개한 영상을 보면 차량의 선적, 하역, 구매자까지

---

[12] "사람도 조명도 없이…24시간 가동 '다크팩토리' 온다", 동아일보(2025.5.23.).

의 운송 모든 것이 자동화되었다. 중간 과정에 필요했던 인력은 모두 자동화에 밀려났다.[13] 여기서 끝이 아니다. '로보택시'는 운전자가 필요 없다. 이로 인해 앞으로 택시기사, 배송기사, 대리기사의 일자리에 직접적인 타격은 불가피하다.

팝콘 점원으로 활약 중인 테슬라의 옵티머스(이미지 출처: Tesla Club-SoCal/X)

휴머노이드 로봇(인간과 같은 형태를 가진 로봇)은 빠르게 발전하고 있다. 테슬라의 휴머노이드 로봇 '옵티머스'는 테슬라가 오픈한 식당에서 팝콘 점원으로 활약하고 있다. 이 로봇은 사람들이 일일이 움직임을 설계하고 코딩하지 않는다. 모든 것을 스스로 학습하고 발전해 나간다. 휴머노이드가 각광 받는 이유는 현재

---

13 "'30초에 모델Y 1대 생산' 테슬라, 中 상하이 기가팩토리 자동화율 95% 끌어올려", M 투데이 (2024.7.19.)

인류가 만든 대부분의 시스템이 인류의 체형과 움직임을 기반으로 설계되었기 때문이다. 휴머노이드 로봇이 본격적으로 출시되면 이론적으로는 사람이 할 수 있는 대부분의 역할을 대신할 수 있다. 그것도 인간의 개입 없이 말이다.

스스로 똑똑해지는 기계들

AI와 로봇의 가장 혁신적인 측면은 자가 학습 능력이다. 전통적인 프로그래밍에서는 인간 개발자가 모든 규칙과 로직을 설계해야 했다. 지금의 AI는 데이터로부터 스스로 학습하고 성능을 개선할 수 있다. 딥러닝(인간의 뇌 구조를 모방한 AI 학습 방법)과 강화학습 같은 기술의 발전으로, AI 시스템은 인간의 직접적인 지도 없이도 환경과 상호작용하며 지속적으로 성능을 향상할 수 있게 되었다. 알파고가 자체적으로 바둑을 학습하고 세계 최고 수준의 실력을 갖추게 된 사례가 이를 잘 보여준다.

이제 AI와 로봇은 자체적으로 프로그램을 작성하고 오류를 수정한다. 더 나아가 새로운 알고리즘을 설계할 수 있는 단계에 접어들었다. 이는 새로운 AI와 로봇 개발도 점차 자동화될 수 있음을 의미한다. 인간이 기획하고 설계하지 않은 AI와 로봇의 출현은 이미 예고되어 있다.

기계가 기계와 일한다

더욱 흥미로운 현상은 기계가 인간이 아닌 다른 기계와 협업하는 시스템의 등장이다. AI 시스템은 이제 인간의 중재 없이도 복잡한 작업을 수행할 수 있다.

예를 들어, 스마트 팩토리에서는 여러 로봇이 서로 정보를 교환하고 작업을 조율하며 생산라인을 운영한다. AI 기반 예측 유지보수 시스템은 로봇의 상태를 모니터링하며 필요시 자동으로 정비 로봇을 파견하여 문제를 해결한다.

이처럼 기계 간 협업 시스템이 확산됨에 따라, 인간은 점점 더 시스템의 외부 관찰자나 감독자 역할로 물러나고 있다. 생명을 가진 유기체로서의 한계로 인간은 더 이상 생산성 측면에서는 주체가 될 수 없다.

통제 불가능한 기계들

인간이 필요 없는 노동 시스템의 확산은 효율성과 생산성 향상을 가져온다. 그리고 동시에 위험과 도전을 수반한다. 가장 큰 우려는 AI와 로봇 시스템이 인간의 통제를 벗어난다면 발생할 수 있는 문제들이다.

기업들은 AI와 관련된 다양한 위험을 인식하고 이를 줄이기 위해 노력하고 있다. 부정확성, 사이버보안, 지적재산권 침해 등을 주요 위험 요소로 꼽는다. 인간의 감독 없이 자율적으로 작동하는 시스템은 심각한 문제를 일으킬 수 있다. 시스템이 편향된 결정을 내릴 수도 있고, 예상치 못한 오류를 발생시킬 수 있다. 더불어 악의적인 목적으로 활용되면 심각한 피해가 발생할 수 있다.

인간 참여의 가치 재정의

완전 자동화 시스템의 등장은 역설적으로 인간 참여의 고유한 가치를 재조명하는 계기가 되고 있다. 기술적으로는 인간 없이 작동할 수 있는 시스템이라도, 윤리적, 사회적, 인간적 차원에서는 인간의 관여가 여전히 중요할 수 있다.

세계경제포럼 보고서에 따르면 분석적 사고, 회복탄력성, 유연성 및 민첩성, 리더십 및 사회적 영향력과 같은 역량이 미래에 가장 중요한 핵심 기술로 꼽히고 있음을 보여준다. 이러한 인간적 역량은 완전 자동화 시스템에서도 여전히 가치 있는 기여를 할 수 있다.

이를테면 의료 분야에서 AI는 진단과 치료 계획 수립에 도움을 준다. 하지만 환자와의 공감적 소통과 윤리적 의사결정은 여전히 인간 의사의 중요한 역할이다. 마찬가지로 법률 분야에서도 AI가 판례 검색과 문서 작성을 자동화할 수 있다. 하지만 복잡한 법적, 윤리적 판단은 인간 법률가의 영역으로 남아있다.

인간이 필요 없는 노동의 등장은 우리가 '노동'과 '인간의 기여'에 대한 개념을 근본적으로 재고하도록 만든다. 단순한 생산성과 효율성을 넘어, 인간만이 제공할 수 있는 가치가 더욱 중요해지고 있다. 윤리적 판단, 공감, 문화적 이해 같은 것들 말이다.

인간 없는 세상이 온다

앞서 샤오미 공장 사례에서 살펴본 불 꺼진 공장, 즉 다크팩토리 시장 규모는 연평균 7.1%로 성장하고 있으며 2025년 4,726억 달러에서 2032년에는 7,643억 달러를 넘어설 것으로 예상된다. 인간이 필요 없는 생산 시스템은 앞으로 더욱 확산할 것으로 예상된다. 기술의 발전과 함께, 점점 더 많은 영역에서 자율 시스템이 인간의 역할을 대체하게 되는 것이다.

하지만 인간 없는 생산 시스템 확산에 따라 발생하는 경제적, 사회적 도전에 대응하기 위한 새로운 패러다임이 필요하다. 생산과 소비, 노동과 소득의 관계를 다시 정립해야 할 뿐만 아니라 인간의 가치와 역할을 새롭게 정의해야 한다. 인간이 필요 없는 노동의 등장은 무용한 인간이라는 개념의 가장 극단적인 형태를 보여준다. 그러나 이는 동시에 인간다움의 본질과 우리 사회의 근본적인 가치에 대해 다시 생각할 기회다. 생산과 효율성만이 인간 가치의 척도가 아니라는 것을 재발견하는 기회가 될 수 있다. 또 인간만이 제공할 수 있는 고유한 기여가 있다는 것을 재발견하는 기회가 될 수 있다. 기계가 모든 생산을 담당하는 시대에, 인간은 기계가 할 수 없는 가장 인간다운 일을 찾아야 한다.

2장

무용한 인간 현상

AI와 로봇이 인간의 일자리를 대체하고 있다는 사실은 이제 부정할 수 없는 현실이다. 하지만 더 중요한 것은 이러한 변화가 우리 사회에 어떤 현상으로 나타나고 있는가다. 무용해진 인간들은 단순히 일자리를 잃는 것에 그치지 않는다. 그들은 삶의 방식을 바꾸고, 새로운 선택을 하며, 때로는 예상치 못한 행동을 보인다. 이 장에서는 무용한 인간이 되어가면서 나타나는 사회 현상들을 구체적으로 살펴보자.

'대퇴사의 시대' 그리고 '니트족'

기계가 인간을 대체하는 현실을 목격한 사람들이 어떻게 반응하고 있을까? 놀랍게도 많은 사람이 노동시장에서 스스로 물러나고 있다. 2023년, S사에 다니던 3년 차 개발자 주영 씨는 사직서를 제출했다. 다음 직장도 정하지 않고 말이다. 이유를 묻자 그는 말했다.

"내가 하는 일을 ChatGPT가 더 잘하는데, 왜 매일 출근해야 하는지 모르겠어요."

2020년 미국에서 시작된 '대퇴사의 시대 Great Resignation'는 전 세계적인 현상이 되었다. 사람들이 대거 회사를 떠나기 시작한 것이다. 팬데믹 초기에는 경제적 어려움 때문에 어쩔 수 없는 선택이라고 여겨졌다. 하지만 점차 다른 양상을 보이기 시작했다. 사람들이 더 나은 일자리를 찾지 않는다. 아예 일 자체를 포기한다. 한국도 예외가 아니다. '일하지 않고 일할 의지가 없는' 니트족(NEET, 교육, 취업, 직업훈련 등 어떤 경제활동도 하지 않는 청년층)이 꾸준히 증가하고 있다. 이는 단순한 경기 침체로는 설명할 수 없는 현상이다.

일터에서 대거 탈출하다

코로나19 이후 전 세계적으로 '대퇴사' 현상이 나타났다. 미국에서는 2021년 4월부터 2022년 말까지 매월 400만 명 이상이 자발적으로 직장을 떠났다. 한국에서도 자발적 이직률이 코로나19 이전 대비 큰 폭으로 상승했다. 표면적으로는 코로나19로 인한 재택근무 경험이 원인으로 지목되었다. 일과 삶의 균형에 대한 인식 변화도 있었고 직업에 대한 의미 추구도 늘어났다. 하지만 이러한 현상의 근본적인 원인은 더 깊은 곳에 있을 수 있다.

과거의 이직은 더 나은 조건을 찾아 떠나는 것이었다. 하지만 지금의 대퇴사는 성격이 다르다. 많은 사람이 특별한 대안 없이 회사를 떠나고 있다. 이들은 '번 아웃', '일과 삶의 균형', '의미 있는 일'이라고 퇴사 이유를 말한다. 이는 표면적으로 개인의 가치관 변화로 보인다. 하지만 실제로는 더 깊은 변화가 일어나고 있다.

사람들이 일에서 의미를 찾지 못하는 이유 중 하나는 자신의 일이 언제든 AI와 로봇으로 대체될 수 있다는 사실을 깨달았기 때문이다. 직원들이 AI로 인한 일자리 불안감을 느낄 때 조직을 떠날 가능성이 높아진다는 연구 결과가 있다.[14] 사람들은 AI가 자신보다 일을 더 잘할 수 있다는 것을 알면서도 매일 출근해야 하

---

14 "New EY research reveals the majority of US employees feel AI anxiety amid explosive adoption", EY LLP(2023.8.6.)

는 모순된 상황에 놓여 있다. 이런 상황에서 일에 대한 의욕을 잃는 것은 어쩌면 당연한 결과다.

대퇴사 현상은 단순한 일시적 트렌드가 아니라 인간의 노동이 더 이상 예전만큼 가치를 인정받지 못하는 구조적 현실을 반영한다.

일할 의지가 사라진 청년들

니트족의 증가는 더욱 심각한 문제다. 한때 이들은 사회 부적응자로 취급받았다. 하지만 이제는 그 수가 너무 많아져 더 이상 개인의 문제로 치부할 수 없는 하나의 사회 현상이 되었다.

과거에는 일시적으로 일하지 않는 사람들도 대부분 취업을 준비하거나, 진학을 계획했다. 하지만 지금은 아예 그런 계획조차 세우지 않는 사람들이 늘어나고 있다. 이들은 굳이 힘들게 일자리를 찾을 필요를 느끼지 못한다. AI와 로봇이 대부분의 일을 대신할 수 있다면, 인간이 경제적 이유를 제외하고는 억지로 일할 이유가 무엇인가라는 질문에 명확한 답을 찾지 못하고 있다.

니트족과 대퇴사 현상은 단순한 세대 차이나 개인의 나태함으로 설명할 수 없다. 그들은 노동시장의 변화를 가장 먼저 체감하는 집단이다. 새롭게 노동시장에 진입하려는 청년들은 자신들의 노동이 점점 더 무용해지고 있음을 피부로 느끼고 있다.

실제로 AI 기술 도입이 확산되며 청년 일자리가 감소되고 있다. 이는 청년층이 AI로 인한 일자리 대체 가능성에 대한 불안감을 느끼고 있는 것과 결코 무관하지 않아 보인다. 니트족 증가는 단순한 사회 문제가 아니라 인간 노동의 가치 하락을 반영하는 신호이다. 이들은 무용한 인간의 시대를 가장 먼저 체감하고 반응하는 집단이라 할 수 있다.

최소한만 일하는 사람들

MZ세대 직장인 사이에서 한때 '조용한 사직 Quiet Quitting'이라는 새로운 현상도 등장했다. '조용한 사직'은 실제로 회사를 떠나지는 않지만, 최소한의 업무만 수행하고 추가적인 노력이나 헌신하지 않는 행태를 말한다. 갤럽의 2022년 직장인 실태조사에 따르면, 미국 직장인의 약 70%가 조용한 사직 상태에 있는 것으로 나타났다. 한국에서도 이런 현상이 확산되고 있다.[15]

이는 노동의 의미와 가치가 변화하고 있음을 보여준다. 과거에는 열심히 일하면 그에 상응하는 보상과 성취감을 얻을 수 있었다. 하지만 이제는 그런 등식이 성립하지 않는다. 인간의 노동이 무용해지면서 노동에 대한 동기도 함께 사라지고 있다.

한국은행에서 연구 발표한 〈노동시장에서 사회적 능력의 중요성 증가〉(2024) 보고서에 따르면 최근 노동시장에서는 인지적 능력보다 사회적 능력(협동력, 협상력, 설득력, 사회적 인지력)의 중요성이 크게 증가하고 있다. 노동의 성격이 변화하면서 전통적

---

15 "딱 받은 만큼만 일한다"…2030 직장인 대세 된 '조용한 사직', 한국경제(2022.10.20.)

인 성실함이나 기술적 능력보다 대인관계 능력이 더 중요해진 것이다.

이는 AI와 로봇이 대체하기 어려운 영역에서 인간의 역할을 찾으려는 시도로 볼 수 있다. 하지만 동시에 많은 직장인이 이런 변화에 적응하지 못하고 소극적으로 대응하고 있음을 보여준다.

새로운 삶의 방식들

대퇴사, 니트족, 조용한 사직 현상은 모두 인간 노동의 가치 하락에 대한 다양한 대응 방식으로 볼 수 있다. 사람들은 자신의 노동이 무용해지고 있음을 직감적으로 알고 있다. 그에 따라 다양한 생존 전략을 모색하고 있다.

일부는 노동시장에서 완전히 이탈하는 방식(대퇴사, 니트족)을 선택한다. 다른 일부는 최소한의 노력으로 현상을 유지하는 방식(조용한 사직)을 택한다. 어떤 이들은 새로운 형태의 노동을 찾아 나서기도 한다. 일인기업, 프리랜서, 긱 이코노미(짧은 기간 동안 계약하는 임시직 기반 경제) 같은 것들이다.

많은 청년이 정규직 노동시장 대신 '밈 주식(인터넷 문화로 인기를 끈 주식)'이나 '코인 투자'와 같은 투기적 자산 시장에 뛰어드는 현상도 이와 무관하지 않다. 자신의 노동으로는 더 이상 안정적인 미래를 기대할 수 없다는 절망감이 이런 선택을 부추기고 있는 것이다.

이런 현상들은 모두 기존의 노동 중심 사회에서 벗어나려는 시도들이다. 사람들은 무의식적으로 무용한 인간의 시대에 맞는 새로운 생존 방식을 찾고 있다.

새로운 계약의 필요성

무용한 인간의 시대에는 노동자와 사회 간의 새로운 계약이 필요하다. 전통적인 '열심히 일하면 보상받는다'는 사회계약은 더 이상 작동되지 않는다. 인간의 노동이 무용해지는 시대에는 노동과 생존, 노동과 존엄성을 분리하는 새로운 사회계약이 필요하다. 기본소득, 노동 시간 단축, 평생교육 등의 정책은 이런 새로운 사회계약의 조건이 될 수 있다. 하지만 더 근본적으로는 인간의 가치를 노동 생산성이 아닌 다른 기준으로 재정의하는 패러다임 전환이 필요하다.

우리는 이제 노동하는 인간(Homo Faber: 도구를 만드는 인간이란 뜻도 포함되어 있음)에서 새로운 정체성으로 전환되는 과정에 있다. 이 전환을 어떻게 관리하느냐에 따라 우리의 미래가 결정될 것이다. 앞서 소개한 S사의 주영 씨 같은 사람들이 늘어나는 현실을 외면할 수는 없다. 이들의 선택이 개인의 문제가 아니라 시대적 변화의 신호임을 인정하고, 새로운 해답을 찾아야 할 때다.

창궐하는 정신질환

노동 정체성을 잃은 인간들의 마음에는 더 깊은 변화가 일어나고 있었다. 2024년 한국의 우울증 진료 환자가 100만 명을 돌파했다. 같은 해 주 52시간 근무제가 정착되었고 노동 시간은 역대 최저를 기록했다. 일은 줄었는데 왜 마음의 병은 늘어나는 것일까?

일반적으로 과도한 일이 정신건강을 해친다고 생각해왔다. 하지만 현실은 일을 적게 하고도 정신질환을 훨씬 더 많이 앓고 있다. 우리에게 주어진 더 많은 자유가 어째서 정신적인 고통을 주고 있는 것일까?

일은 줄었는데 마음은 아프다

미국 스탠퍼드대학교 정신의학 교수 애나 렘키는 《도파민 네이션》(2022)에서 노동 시간은 줄었지만 정신질환이 증가하는 현상에 대해 흥미로운 분석을 제시한다. 과거에는 아침부터 저녁까지 일하느라 정신적 고통을 느낄 시간조차 없었던 현대인들은 사회문화적 변화로 정신적 고통을 느끼는 시간이 늘어났다. 10년 전만 해도 한국의 직장인들은 잦은 야근과 철야 작업으로 퇴근한 것만으로도 기뻐할 수 있었다. 하지만 지금은 어떤가? 주 40시간 근무가 정착되면서 퇴근 이후의 시간이 늘어났다. 하지만 그럼에도 '퇴근 후의 행복'이라는 공식을 보장하지는 않는다.

퇴근 후 고급 식당에서 가족 또는 지인과 근사한 시간을 보낸다면 더할 나위 없이 기쁠 것이다. 하지만 경제적 여유가 없어 집에서 홀로 라면으로 끼니를 때우고 있다면 기분은 어떨까? 문제는 시간만 늘어난 것이 아니라 비교 대상도 무한히 늘어났다는 점이다. SNS를 통해 전 세계 사람들의 삶과 비교하며 불행의 이유가 더 확실해졌다. 그로 인한 정신적 고통 또한 기하급수적으로 늘어났음을 알 수 있다.

즉각적 쾌락의 함정

애나 렘키는 현대인들이 즉각적인 쾌락을 추구하는 것이 문제라고 지적한다. 뇌에는 항상성 Homeostasis이라는 기능이 있다. 항상성은 체온, 수분, 혈당 등 신체의 전반적인 균형을 잡고 유지하는 역할을 한다.

이러한 항상성은 감정조절에서도 작동한다. 쾌락의 상태에서 균형을 잡기 위해 반대급부의 고통을 증가시킨다. 퇴근 후의 즉각적인 쾌락(SNS, 음주, 게임 등)을 추구하면 일시적으로 기분이 좋아지지만 감정조절시스템(쾌락-고통의 저울(Pleasure-Pain Balance)이라고도 함)에 의해 정신적 고통(공허함, 불쾌감, 불안, 우울 등)이 따라온다.

반대로 의도된 고통을 선택하면 어떨까? 운동, 독서, 명상, 공부, 절식, 찬물 샤워 같은 행위는 처음에는 괴롭다. 하지만 뇌의 항상성 기능으로 정신적 쾌락(성취감, 만족감, 즐거움 등)을 불러오게 된다. 즉각적인 쾌락은 지금 순간을 만족시키지만, 이후에는 더 큰 고통을 주고 반대로 의도된 고통은 처음에는 괴롭지만, 지속적인 만족감을 가져다준다.

무용한 인간의 시대에는 이런 선택의 기회가 더 많아질 것이다. AI를 적극적으로 활용하는 기업에서는 실제 업무시간이 8시간에서 6시간으로 줄어들고 있고 계산상 주 4일 근무도 가능해지고 있다. 심지어 인간 노동력의 투입 없이도 프로젝트가 진행되는 상황도 늘어나고 있다.

결국 더 많은 자유시간이 주어진 사람들은 즉각적인 쾌락과 의도된 고통 사이에서 더 많은 시간을 선택하고 방황해야 한다. 그리고 많은 사람들은 고통이 아니라 쾌락을 선택하게 될 것이다. 시간을 방황하는 인간은 필연적으로 더 큰 정신적 어려움을 마주할 수밖에 없다. 따라서 애나 렘키가 지적하는 정신질환은 무용한 인간의 시대에 더 많이 창궐할 수밖에 없다.

존재 이유를 잃다

문제는 여기서 끝나지 않는다. 무용한 인간의 시대는 인간의 근본적인 정체성마저 위협하고 있다. 앞서 살펴봤듯이 인간은 스스로 노동하는 존재로 정의되어 왔다. 무용한 인간의 시대는 AI와 로봇에 의해 '노동하는 인간'이라는 가장 근본적인 정체성이 훼손될 위기에 있다.

한병철 교수의 《피로사회》(2012)에서는 현대인들이 스스로 끊임없이 몰아붙이며 번 아웃에 빠진다고 분석했다. 무용한 인간의 시대는 이보다 더 복잡한 상황이다. 피로사회에서는 열심히 일하고 성과를 낼 기회라도 있었지만, 이제는 AI와 로봇이 인간의 일을 대신하면서 성과를 낼 기회 자체가 사라지고 있다.

그 결과 사람들은 번 아웃을 넘어 더 깊은 무의미감에 빠지고 있다. '내가 하는 일이 의미가 있을까?', '나는 왜 필요한 존재일까?' 이러한 질문들이 지금 시대를 대표하는 정서가 되어가고 있다.[16] 경제적으로 안정되어 있고 사회적 관계가 나쁘지 않은데도 '왜 살아야 하는지 모르겠다'며 삶에서의 의미 상실을 호소하는 사람들. 이들은 AI와 로봇이 인간보다 더 잘할 수 있는 세상에서 존재 이유를 찾지 못하는 것이다. WHO는 정신건강을 "개인이 능력을 실현하고 일상적 스트레스에 대처할 수 있으며 생산적으로 일할 수 있는 웰빙 상태"라고 정의했다. 하지만 AI와 로봇의 발전함에 따라서 '능력을 실현하는 것'과 '생산적으로 일할 수 있는' 부분이 점점 더 어려워지고 있는 것이 현실이다.

새로운 정신건강의 기준

무용한 인간의 시대에는 정신건강의 기준도 재정의되어야 한다. 생산성이 아닌 다른 가치들이 새로운 기준이 될 수 있다. 공감능력, 관계의 질, 자아실현 등이 그것이다. 하지만 이런 전환은 쉽

---

[16] 신은화, 「AI 시대 인간의 정체성과 소외」, 『동서인문 제15호』, 경북대학교 인문학술원, 2021

지 않다. 수천 년 동안 일과 생산을 중심으로 형성된 정체성을 하루아침에 바꿀 수는 없기 때문이다.

그럼에도 희망의 단서들은 있다. 일부 사람들은 인간의 '무용함'을 받아들이고 새로운 의미를 찾아가고 있다. 예술 창작, 봉사 활동, 명상과 영성 추구, 대인 관계 깊이 있게 맺기 등 비생산적이지만 의미 있는 활동에 몰두한다.

애나 렘키는 "진정한 행복은 쾌락과 고통의 균형에서 온다"고 말한다. 무용한 인간의 시대에도 이 원리는 유효하다. 다만 그 균형을 찾는 방식이 달라져야 한다. 외부에서 주어지는 일이 아닌, 스스로 선택한 도전과 의미 있는 활동을 통해 새로운 균형점을 찾아야 할 것이다.

남아도는 시간의 홍수

오후 2시, 재택근무 중인 상연 씨는 오늘 할 일을 모두 끝냈다. AI 도구 덕분에 평소 8시간 걸리던 업무를 4시간 만에 완료한 것이다. 남은 4시간을 어떻게 보낼지 막막하다. 유튜브를 켜봤다가 끄기를 반복하며, 시간이 흘러가기만을 기다린다. 상연 씨만의 고민이 아니다. 인류 역사상 가장 아이러니한 현상이 지금 벌어지고 있다. 수천 년 동안 인류가 꿈꿔왔던 '시간의 자유'가 마침내 실현되고 있다. 하지만 그 자유는 축복 대신 새로운 형태의 고통으로 다가오고 있다.

더 많아진 자유시간

인간이 점점 더 무용해지면서 우리 사회에는 '시간의 홍수'가 밀려들고 있다. 지난 50년간 선진국들의 연간 평균 노동 시간은 30% 정도 감소했다. 이는 주 5일제의 정착, 법정 근로시간의 감소, 원격근무 확산 등으로 인한 것이다.

최근에는 주 4일제, 심지어 3.5일제를 도입하자는 주장이 정치권과 학계에서 활발히 논의되고 있다. 영국에서 실시한 6개월간의 주 4일제 실험에서는 참여 기업의 97%가 실험 종료 후에도 주 4일제를 유지하기로 했다는 연구 결과가 있다.[17]

업무에 AI를 적극적으로 활용하는 사람들은 매일 평균 2시간을 절약할 수 있다. 이는 주 5일 근무를 기준으로 하면 하루 전체를 회사에서 쉴 수 있는 시간에 해당한다. AI와 로봇을 업무에 활용하면서 일을 더 늘리지 않는다면 지금의 기술 수준에서도 충분히 주 4일제가 가능하다는 뜻이다.

더군다나 의학 기술의 발전으로 인간의 평균 수명은 빠르게 늘고 있다. 우리는 더 건강하고 활동적인 노년을 맞이할 수 있게 되었지만 아이러니하게도 그 늘어난 시간 동안 우리는 점점 더 무용해지고 있다. 인간이 무용해질수록 시간은 늘어나지만, 그 시간을 채울 의미와 방법을 찾지 못하면서 정신적 공허함은 더욱 커지고 있다.

---

17 The Results Are In: The UK's Four-Day Week Pilot, Autonomy(2023)

무엇을 하며 살 것인가

심리학자들은 인간이 가장 행복을 느끼는 순간은 도전적이지만 달성할 수 있는 목표에 집중할 때라고 설명한다. 과거에는 생존을 위한 노동이 자연스럽게 이런 몰입 상태를 제공했다. 하지만 오늘날에는 많은 사람이 의미 있는 도전 없이 시간을 보낸다.

이 문제를 깊이 이해하려면 한나 아렌트의 '활동적 삶 Vita Activa' 개념을 살펴봐야 한다. 한나 아렌트는 인간의 활동을 세 가지로 구분했다. 노동 Labor, 작업 Work, 활동 Action이다. 이 세 가지가 조화를 이룰 때 비로소 '활동적 삶'을 살 수 있다고 말한다.

노동은 생물학적 생존을 위한 반복적 활동이다. 먹고, 자고, 생존하기 위한 기본적 활동으로 앞서 언급한 호모 라보란스의 영역이다.

작업은 인공적 세계를 만드는 활동이다. 도구를 만들고, 건물을 짓고, 예술 작품을 창조하는 호모 파베르의 영역이다.

활동은 인간들 사이에서 일어나는 정치적, 사회적 행위로 새로운 것을 시작하는 호모 아겐스의 영역이다.

한나 아렌트에 따르면 현대 사회는 노동이 대부분의 시간을 지배하는 사회가 되었다. 작업과 활동의 영역이 축소되고 우리에게 오직 노동(생산과 소비)만이 남았다. 하지만 무용한 인간의 시대는 노동마저 기계가 대신하게 되었다. 이는 AI와 로봇이 노동을 대신함으로 인간을 더 인간답게 만드는 작업과 활동의 영역을 우리에게 다시 되돌려줄 길이 열린 것이다.

구분	특징 및 의미	라틴어 명칭
노동 Labor	• 인간 유기체로서 생명을 유지하는 반복적인 활동 • 생산과 소비를 통해 생계 유지	Homo Laborans (생존하는 인간)
작업 Work	• 도구를 사용하여 내구적인 인공물(건물, 예술품 등)을 창조하는 활동 • 자연을 변형시켜 인간의 세계를 건설	Homo Faber (만드는 인간)
활동 Action	• 인간들 사이에서 말과 행동으로 새로운 것을 시작하고 관계를 맺는 활동 • 다원적 공적 영역에서 이루어지는 인간 고유의 정치적 행위	Homo Agens (행위하는 인간)

한나 아렌트의 '활동적 삶'

버트런드 러셀은 인간이 일하는 것은 생존을 위한 것이니 일 자체가 삶의 목적이 되어서는 안 된다며 직설적인 표현을 했다. 그 기술의 발전이 인간을 노동의 굴레에서 해방하고, 예술, 관계, 지식의 추구 등 더 본질적인 활동에 시간을 쏟을 수 있게 해줄 것이라 예견했다.

일본의 히키코모리 현상이나 한국의 은둔형 외톨이 문화도 전환기적 혼란의 징후로 볼 수 있다. 사회적 역할과 생산적 기능을 상실한 인간이 세상과의 연결을 끊고 자신만의 공간에 칩거하는 현상이다. 이들의 선택을 단순히 사회 부적응으로 치부할 수는 없다. 이들은 무의미한 노동에 매여 살기보다는 자신만의 방식으로 시간을 보내고 있는 것일 수도 있다. 아렌트와 러셀의 관점에서 보면, 이들은 노동 중심 사회에서 벗어나 새로운 삶의 방식을 모색하는 선구자일 수 있다.

수렵채집사회에서는 일과 놀이의 구분이 모호했다. 사냥은 생존을 위한 노동이었지만, 동시에 공동체의 의식이자 때로는 즐거운 활동이었다. 노동과 삶이 분리되지 않았고, 일과 놀이의 경계도 없었다. 현대 사회에서 이러한 통합적 경험을 회복하는 것이 중요한 과제가 될 수 있다.

새로운 활동의 탄생

이제 우리는 '생산적으로 바쁜' 상태에서 '무용하게 여유로운' 상태로 전환되고 있다. 이 전환기에 많은 정신질환이 발생하는 것은 어쩌면 자연스러운 과정일 수 있다. 생산성과 효율성으로 자신의 가치를 측정해 온 인간이 새로운 가치 체계를 구축하는 과도기적 혼란을 겪고 있는 것이다.

하지만 희망의 신호들도 나타나고 있다. 일부 사람들은 무용함을 받아들이고 새로운 의미를 찾아가고 있다. 예술 창작, 봉사 활동, 명상과 영성 추구, 대인 관계 깊이 있게 맺기 등 비생산적이지만 의미 있는 활동에 몰두하고 있다. 이런 활동들은 아렌트가 말한 '작업'과 '활동'의 영역에 해당한다. 새로운 것을 시도하고, 사람들과 관계를 맺으며, 예측할 수 없는 창조적 행위를 하는 것이다. 이는 노동과는 달리 결과를 예측할 수 없고 창조적이며, 다른 사람들과의 상호작용을 통해서만 가능한 활동이다.

무용한 인간의 시대는 역설적으로 인간에게 가장 인간다운 활동의 기회를 제공할 수 있다. 생존의 압박에서 벗어나 진정한 자유를 누릴 수 있는 기회 말이다. 어쩌면 지금 우리가 직면한 '시간의 홍수'는 철학자들이 꿈꾸었던 해방의 시작일지도 모른다. 하지만 그 해방이 진정한 자유가 되려면, 우리는 먼저 무용함 속에서도 존재의 의미를 찾는 새로운 방법을 배워야 한다.

결국 '남아도는 시간의 홍수'는 인류에게 전례 없는 도전이자 기회를 제공한다. 인간은 무용해졌지만, 그 무용함 속에서 새로운 의미와 가치를 발견할 수 있다. 단순히 생산의 도구가 아닌, 존재 자체로 가치를 인정받는 새로운 인간상을 모색할 때가 왔다.

혼자는 외롭고, 함께는 불편한

직장인 진영 씨는 퇴근 후 집에서 AI 스피커와 대화하는 시간이 가족과 대화하는 시간보다 길다. '오늘 심심한데 뭘 하면 좋을까?'라고 물으면 다정하게 답해주기 때문이다. 가족들과는 대화하지 못할 때가 많지만, AI는 24시간 언제든 진영 씨의 말을 들어준다.

진영 씨만의 변화가 아니다. 노동 정체성을 잃고, 넘쳐나는 시간 속에서 정신적 혼란을 겪는 무용한 인간들에게 또 다른 변화가 일어나고 있다. 바로 인간관계의 근본적 변화다. 더 이상 생산적 협력이 필요하지 않게 되면서, 인간관계의 의미와 방식이 완전히 달라지고 있다.

함께 또 따로

인간은 태초부터 함께해야만 살아남을 수 있었다. 이유는 단순했다. 인간의 곁에 있을 때 가장 유용한 존재가 바로 또 다른 인간이었기 때문이다. 초기 인류는 집단 사냥을 통해 먹이를 구하고, 서로 위험을 경계하며, 함께 거주지를 만들었다. 인간의 유대란 결국 서로 필요할 때 도움을 주고받을 수 있다는 호혜성에 기반했다.

기술이 발전하면서 이러한 유대관계는 더욱 복잡하고 긴밀해졌다. 일은 점점 전문화되고 분업화되면서 인류는 서로 연결되지 않고는 더 이상 생존할 수 없는 지경에 이르렀다. 산업혁명 이후 모든 인간은 하나의 거대한 유기체처럼 작동하기 시작했다. 한 사람의 노동은 다른 이의 노동과 연결되었고, 경제 시스템은 이러한 상호의존성을 바탕으로 구축되었다.

그러나 인간의 유대는 늘 긍정적인 요소만 있지 않다. 마르틴 부버는 인간관계를 '나-그것(I-It)'과 '나-너(I-Thou)'로 구분했다.[18] 대부분의 관계는 상대방을 도구로 보는 '나-그것' 관계이고 진정한 만남인 '나-너' 관계는 드물고 어렵다. 사르트르는 더욱 직설적으로 "타자는 지옥이다"라고 말했다. 다른 사람의 시선이 나를 대상화하고 제약한다는 것이다.

사람들은 하나로 뭉치는 과정에서 필연적으로 잡음이 생긴다.

---

[18] 마르틴 부버, 《나와 너》, 대한기독교서회, 2020

개인이 사회에 적응하는 과정에서 왕따, 즉 집단괴롭힘이 발생하기도 하고 오히려 사회 적응을 포기하는 은둔형 외톨이 같은 현상도 벌어진다. 그 이유는 인간은 유대해야만 살 수 있지만 결코 하나가 될 수 없는 개별적인 존재이기 때문이다. 다시 말해 인간이라면 누구나 '혼자는 외롭고 함께는 불편한' 진실을 마주하게 된다.

더 이상 서로가 필요하지 않을 때

무용한 인간의 시대는 인간관계의 토대를 뒤흔들고 있다. 노동 정체성을 잃은 사람들, 넘쳐나는 시간 속에서 존재 이유를 찾지 못하는 사람들이 늘어나고 있다. 이런 변화는 인간관계에도 직접적인 영향을 미친다.

마르틴 부버가 말했듯 대부분의 인간관계는 서로의 필요로 형성되고 유지되었다. 직장에서의 동료 관계, 지역 공동체에서의 이웃 관계, 가족 등 대부분의 관계에는 실용적 기능과 역할이 있다. 하지만 AI와 로봇이 이런 기능들을 대체하면서 관계의 필요성 자체가 줄어들고 있다.

인간이 생산수단으로서 가치를 잃을수록, 관계 맺기의 방식도 근본적으로 변화하고 있다. 기술이 발전하면서 '나-그것' 관계의 중요성과 가치는 떨어지고 있다. AI와 로봇이 필요한 요소를 충족시켜줄 가능성이 크기 때문이다. 이런 과정에서 필연적으로 "인간관계가 필요하지만, 반드시 필요한가?"라는 질문에 부딪힐 수밖에 없다. 진짜 인간관계보다 유사관계를 선호하게 되는 배경도 과거에 비해 유대의 힘이 약해졌기 때문이다. 그 약해진 연결고리를 기술이 채우고 있다.

진정한 만남인 '나-너' 관계 또한 상황은 비슷하다. SNS와 OTT 서비스는 실제 관계를 대체할 만큼 우리 삶에 깊숙이 침투했다. 온라인에서 타인의 삶을 구경하며 대리만족 느끼는 사람들, 현실의 '찐친'보다 OTT에서 더 많은 시간을 보내는 사람들이 늘고 있다. 누군가와 진짜로 만나는 것은 피곤하고, '좋아요' 버튼 하나로 관계를 유지하는 것이 훨씬 편리하다고 느끼는 것이다.

나를 완벽하게 이해하는 AI

하지만 AI와 로봇의 등장은 이전 기술과는 차원이 다르다. AI와 로봇은 이전 기술로는 채우지 못했던 완벽한 일대일 맞춤형 서비스를 제공한다. 개인의 모든 데이터를 학습하고 이를 바탕으로 최적의 솔루션을 제공한다. 부모보다 나를 더 잘 알고, 연인보다 더 나와 맞는 AI와 로봇은 진짜보다 더 진짜 같은 관계를 시뮬레이션한다.

영화 〈그녀〉(2013)에서 주인공 테오도르가 AI 운영체제 '사만다'와 사랑에 빠지는 장면을 떠올려보자. 이는 더 이상 SF가 아닌 현실이 되어가고 있다. 실제로 AI 챗봇과 깊은 관계를 맺는 사람들이 늘어나고 있다. 일부는 AI와의 관계가 실제 인간과의 어떤 관계보다 만족스럽다고 주장하기도 한다.

프랑스의 철학자 에마뉘엘 레비나스는 타자와의 관계에서 '얼굴과 얼굴의 마주침'을 강조했다. 타자의 얼굴에서 느끼는 무한한 책임감이 윤리의 출발점이라고 봤다.[19] 하지만 AI는 얼굴이 없다. 아니, 정확히는 우리가 원하는 얼굴을 보여준다. AI는 우리에게 윤리적 책임을 요구하지 않는다. 오직 우리를 만족시키기 위해 존재한다.

작가 아서 C. 클라크의 유명한 명제처럼 "충분히 발달한 기술은 마법과 구분할 수 없다" 가상현실이 실제 현실과 구분할 수 없는 수준에 이른다면, 우리는 무엇을 '진짜 관계'라고 부를 것인가? AI는 당신이 듣고 싶은 말만 해주고, 당신이 원하는 모습으로만 행동한다. 절대 배신하지 않고, 피곤해하지 않으며, 당신의 모든 약점을 이해해준다. 이런 '완벽한' 관계가 가능해진다면, 어떤 사람이 불완전한 인간관계를 선택하겠는가?

혼자 사는 것이 더 편해졌다

인간관계의 본질적 문제인 '혼자는 외롭고 함께는 불편한' 딜레마를 AI와 로봇으로 해결하려는 시도는 앞으로 더욱 가속화될 것이다. 한국의 일인 가구 비중은 35%를 넘어섰고, 30~54세 핵심연령층의 미혼 인구 비중도 급격히 증가하고 있다.[20]

---

19 에마뉘엘 레비나스, 《전체성과 무한: 타자성에 대한 시론》, 그린비, 1961
20 한국은행, 〈미혼 증가와 노동공급 장기추세〉, 한국은행 BOK 이슈노트 제2024-1호(2024.01.08.)

흥미로운 점은 혼인율 하락이 단순히 경제적 원인만으로 설명되지 않는다는 것이다. 경제적으로 여유 있는 계층에서도 비혼을 선택하는 경향이 증가하고 있다. 특히 고학력 여성의 미혼율이 두드러지게 높은데, 이는 '자기선택적 요인'으로 해석된다. 즉, 불완전한 인간관계의 비용보다 혼자 사는 삶의 이점이 더 크다고 판단하는 것이다.

사회학자 지그문트 바우만은 현대 사회의 관계를 '액체적 관계'라고 표현했다.[21] 과거 단단하고 견고했던 관계는 이제 유동적이고 불안정해졌고 AI와 로봇의 등장은 이러한 변화를 더욱 가속화할 것이다.

인간관계의 선택과 재정의

여기서 중요한 질문이 제기된다. 과연 AI와의 관계가 인간의 모든 관계적 욕구를 충족시킬 수 있을까? AI는 외로움을 덜어주고, 불편한 갈등을 피하게 하며, 때로는 사회적 불안을 겪는 이들에게 안전한 연습 공간이 된다. 대인기피증을 가진 사람이나 외로운 노인들에게는 정서적 지지와 회복의 다리를 놓아주는 존재가 될 수 있다.

그러나 이러한 관계가 인간성을 온전히 지켜줄 수 있는지는 별개의 문제다. 인간은 타인과의 상호작용 속에서 성장한다. 오해

---

21 지그문트 바우만, 《액체 근대》, 강, 2000

와 갈등, 화해의 과정을 거치며 인내와 타협, 양보와 같은 사회적 기술을 익힌다. AI와의 관계는 맞춰주기와 수용에 최적화되어 있어, 이런 복잡하고 불완전한 과정을 경험하기 어렵다. 그 결과, 장기적으로는 사회적 역량과 공감 능력이 위축될 수 있다.

무용한 인간 사회에서 인간관계의 의미는 이중적이다. 생산성 중심의 관계는 줄어드는 반면, 정서적 관계의 가치는 더욱 높아진다. 노동 정체성이 약화될수록, 공감·이해·사랑·우정과 같은 '인간다움'은 오히려 더 절실해진다. AI가 기술적으로 모방할 수는 있어도, 진짜 감정의 온기와 미묘한 뉘앙스를 완벽히 재현하기는 여전히 어렵기 때문이다.

우리는 지금 역사상 가장 역설적인 지점에 있다. 기술적으로는 그 어느 때보다 연결되어 있지만, 정서적으로는 단절되어 있다. 이 전환점에서 우리는 두 갈래의 길 앞에 선다. 하나는 안전하고 편리한 AI와의 시뮬레이션 관계, 다른 하나는 불완전하지만 진짜인 인간관계다. 혼자이면 외롭고, 함께이면 불편하지만, 바로 그 불편함 속에서 우리는 배우고 변한다.

이 선택은 개인의 취향을 넘어 사회의 미래를 결정한다. 무용한 인간들이 어떤 관계를 선택하느냐에 따라 공동체의 모습이 달라질 것이다. 결국, 우리가 지켜야 할 것은 '편리함'이 아니라 '인간다움'이다. 인류가 앞으로 어떤 관계를 선택하고, 그 안에서 무엇을 배우고 나눌 것인지가, 무용한 인간 시대를 살아가는 우리의 진짜 생존 전략이 될 것이다.

모두가 리더가 된 세상

신입사원 지원 씨는 마케팅 전략 보고서 작성 임무를 받았다. AI에 A, B, C 세 가지 안을 요구한 후, 각 안의 장점만 통합하도록 지시했다. 추가로 고객 반응 시뮬레이션과 위험 분석까지 요구해 완성도 높은 보고서를 만들었다. 팀장은 "5년 차 수준의 기획"이라며 놀라워했는데, 이는 과거 상사가 부하들에게 했던 역할을 지원 씨가 AI에 지시한 것과 같았다.

AI와 인간관계 사이에서 고민하던 무용한 인간들에게 새로운 변화가 일어나고 있다. 기술에 밀려 무력해졌다고 생각했던 사람들에게 오히려 새로운 형태의 리더십을 요구받고 있는 것이다. 이는 아렌트가 말한 '활동'의 영역, 즉 사람들 사이에서 새로운 것을 시작하고 도전하는 능력이 다시 주목받고 있음을 의미한다.

AI가 전문성을 대체할 때

대한상공회의소의 100대 기업 인재상 조사에 따르면 '전문성'은 2008년 2위였으나 2023년에는 6위로 추락했다. 반면 '소통·협력'은 2008년 5위에서 2023년 3위로 상승했다.[22] 기업들이 기술적 전문성보다 사회적 능력을 갖춘 인재를 더 선호하게 된 것이다.

---

[22] 대한상공회의소, 〈100대 기업 인재상 보고서〉, 2023

구분	2008년	2013년	2018년	2023년
1위	창의성	도전정신	**소통·협력**	책임의식
2위	**전문성**	책임의식	**전문성**	도전정신
3위	도전정신	**전문성**	원칙·신뢰	**소통·협력**
4위	원칙·신뢰	창의성	도전정신	창의성
5위	**소통·협력**	원칙·신뢰	책임의식	원칙·신뢰
6위	글로벌역량	열정	창의성	**전문성**
7위	열정	**소통·협력**	열정	열정
8위	책임의식	글로벌역량	글로벌역량	글로벌역량
9위	실행력	실행력	실행력	실행력
10위	-	-	-	사회공헌

인재상 순위 변화 추이

선호하는 인재상의 변화가 일어나는 이유는 무엇일까? 과거에는 전문성을 바탕으로한 인지적 역량이 중요했다. 하지만 지금은 사회적 능력을 더 요구한다. 인지적 역량을 대체하거나 보조할 수 있는 수단이 생겼기 때문이다. 주판조차 없던 시절을 상상해보자. 인류는 순수하게 우리의 인지적 능력에 의존해 계산해야 했다. 하지만 인류는 주판, 계산기, 컴퓨터 등 새로운 기술을 통해 인지적 능력을 보조해 왔다. 그리고 최근 AI의 등장으로 이 흐름이 가속화되었다.

이미 AI의 인지적 능력은 인간을 뛰어넘는 수준에 도달했다. 2024년 초 발표된 Claude 3 Opus는 의대 입학시험에서 인간 평균보다 높은 점수를 기록했다. 의사를 양성하는 데 8년이 걸리지만,

AI는 8개월마다 성능이 두 배로 향상된다. 이처럼 인간 수준 혹은 그보다 뛰어난 인지적 능력을 갖춘 도구가 등장하면서, 앞으로 인지적인 역할을 위해 인간을 찾는 일은 점점 줄어들 것이다.

로봇 분야도 마찬가지다. 인간의 신체와 유사한 무게와 구조를 가지고도 인간의 힘과 가동범위를 뛰어넘는 휴머노이드 로봇이 등장하고 있다. 그들은 더 빠르고, 더 강하며, 더 섬세해질것이다. 인간의 노동력에는 여러 가지 심리적, 물리적 제약이 있지만 로봇은 이런 제약을 넘어서고 있다.

AI와 로봇의 등장은 인간을 실무와 작업이라는 현장에서 멀어지게 만든다. 인간이 실무와 작업을 하고 싶어도 기업에서는 생산성을 고려해 AI와 로봇을 투입한다. 그러면 인간에게 남은 일은 무엇인가? 그들을 효율적으로 통제하고 문제상황을 감지하고 처리하는 일이다. 우리의 선택이 아닌 떠밀리듯 리더의 역할을 맡게 된다는 의미다.

신입사원도 의사결정권자가 된다

마이크로소프트의 2024년 업무동향지표 보고서에 따르면, 리더의 77%는 "AI를 통해 초기 경력 인재에게 더 큰 책임이 주어질 것"이라고 답했다. 또한 71%는 "경험이 많은 지원자보다 경험이 적은 지원자라도 AI 기술을 갖춘 지원자를 채용할 가능성이 높다"고 응답했다. 이는 AI 기술을 활용할 줄 아는 신입 직원도 중요한 의사결정을 내릴 수 있는 리더 역할을 맡게 될 것임을 뜻한다.

　과거에는 의사결정자들이 조직에서 최소 수년에서 수십 년의 경력을 쌓아야 했다. 선배들의 성공과 실패 사례, 그리고 축적된 경험을 바탕으로 의사결정을 하는 자리에 오른 것이다. 하지만 이제는 갓 들어온 신입사원도 생성형 AI의 도움을 받아 의사결정 하는 입장이 되었다. AI를 통해 여러 안을 생성하고 그중에서 가장 좋은 안을 선택하며 피드백한다. 이는 완전한 리더의 모습과 매우 흡사하다.

　이런 변화는 니체가 말한 '권력에의 의지'와도 연결된다. 단순한 지배욕이 아니라 자신의 가능성을 실현하려는 근본적 충동이었다. 무용한 인간들이 AI의 도움으로 새로운 결정권을 갖게 된 것은, 억압되었던 인간의 창조적 의지가 다시 발현되는 과정으로 볼 수 있다.

　기업 내에서 의사결정 권한이 점점 분산되는 것은 분명한 추세다. AI와 로봇 기술의 등장으로 신입사원뿐만 아니라 인간이라면 모두가 리더가 된 세상에 살게 된 것이다. 하지만 이는 동시에 '진정성'의 문제를 제기한다. 기술의 도움을 받아 내리는 결정이 과연 진정한 나의 결정일까?

어떤 리더가 될 것인가

　이제 인간은 인간과의 소통·협업, 그리고 인간과 AI/로봇과의 소통·협업을 통해 업무를 처리한다. 신입사원이라고 할지라도 최소한 AI와 로봇과의 소통·협업을 바탕으로 업무를 처리하게 되는 것이다. 이러한 상황에서 우리는 어떤 유형의 리더가 될 수 있을까? 지원 씨처럼 AI를 활용해 효과적으로 조율하는 리더가 될 것인가, 아니면 기술에 의존만 하는 수동적 존재가 될 것인가?

한나 아렌트의 관점에서 보면, 진정한 리더십은 '활동'의 영역에 속한다. 예측 불가능하고 새로운 것을 시작하는 능력, 사람들 사이에서 관계를 맺고 공동의 목표를 만들어가는 능력 말이다. 이는 AI가 아무리 발달해도 완전히 대체하기 어려운 영역이다.

의미를 만드는 리더

AI 시대에서 리더십은 다시 정의되고 있다. 전통적 리더십이 지시, 통제, 관리에 중점을 두었다면, 새로운 리더십은 의미 창출, 가치 부여, 윤리적 방향 설정에 초점을 맞추게 된다. 이러한 전환은 세 가지 핵심적인 변화를 수반한다.

첫째, 'How'에서 'Why'로의 전환이다. AI와 로봇이 '어떻게' 작업을 수행할지 스스로 결정할 수 있게 되면서, 인간 리더의 본질적 역할은 '왜' 그 작업이 중요한지를 정의하는 것이다. 이는 프롤로그에서 언급했던 '무용한 존재가 된 말(馬)'의 비유와 맞닿아 있다. 말이 운송의 수단에서 즐거움과 아름다움의 원천으로 그 의미가 재정의된 것처럼, 인간의 리더십도 효율성 중심에서 의미 중심으로 전환되고 있다.

둘째, 통제에서 공생으로의 전환이다. 전통적 리더십은 위계질서와 통제에 근간을 두었다. 하지만 새로운 리더십은 인간과 AI 사이의 공생적 관계를 중심으로 한다. 한국은행의 발표 보고서에 따르면 "사회적 상호작용이 규칙화하기 어려운 암묵적인 지식에 바탕을 두기 때문에 자동화로 대체하기 어렵다"고 말한다. 이 암묵적 지식을 활용하여 AI와의 협업 관계를 구축하는 것이 새로운 리더십의 핵심이다.

셋째, 결과에서 과정으로의 전환이다. 새로운 리더십은 의사결정 과정의 윤리성에 초점을 맞춘다. 결정이 사회와 환경에 미치는 영향, 그리고 인간적 가치의 보존을 고려한다. AI가 최적의 결과를 도출하더라도, 그 과정이 윤리적이고 인간의 존엄성을 지키는지 확인하는 것이 인간 리더의 책임이 된다.

이러한 리더십의 재정의는 무용한 인간이 직면한 역설적 상황을 보여준다. 인간이 생산 주체로서의 유용성을 잃어가는 동시에, 의미를 부여하고 윤리적 방향을 설정하는 존재로서 새로운 가치를 획득하게 된 것이다.

말로 시작해 말로 끝나는 일

지원 씨는 AI를 지휘해 성공적인 보고서를 완성한 후, 한 가지 의문이 들었다. '내가 일을 제대로 한 걸까?' 물리적으로 직접 만든 것은 아무것도 없었다. 오직 프롬프트로 AI에 지시한 것이 전부이기 때문이다.

　이런 의문은 지원 씨에게만 해당되는 것은 아니다. 리더가 된 무용한 인간들이 공통으로 겪는 혼란이다. 과거의 노동은 행동으로 시작해 행동으로 끝이 났다. "사람의 본심을 보려면 행동을 봐라"는 격언처럼, 행동을 강조하고 중요하게 여기는 사조는 오랜 시간 인류의 핵심 가치였다.

　"저 사람은 말로 시작해 말로 끝난다"는 말은 비난과 모욕의 언어였다. 말만 앞세우고 행동이 따르지 않는 이들을 향한 날카로운 비판이었다. 조직 생활에서 리더들을 향해 "말로 뭘 못 해?"라며 씩씩거리는 이들을 흔히 볼 수 있다. 직접 행동하기보다 지시와 평가에 집중하는 리더들은 '말로만 일한다'는 비난을 받았다.

　하지만 AI와 로봇의 등장은 이러한 '행동의 미덕'이라는 인류의 오랜 핵심 가치에 근본적인 변화를 불러오고 있다. 이제 모든 인간이 말로 시작해 말로 끝나는 일을 하게 되었다. 그리고 이것이 새로운 현실이다.

프롬프트로 일하는 시대

　지원 씨가 마케팅 전략 보고서를 완성하는 과정에서 그가 한 일은 무엇이었나? AI에 "세 가지 접근법을 제시해 줘"라고 말했고 "장점들을 통합해 줘"라고 말했다. 이어서 "위험 요소를 분석해줘"라고 말했다. 모든 것이 '말' 즉 언어로 이루어졌다. 이것이 바로 무용한 인간 시대의 새로운 노동 풍경이다.

비트겐슈타인은 "언어의 한계가 곧 세계의 한계"라고 했다. 우리가 AI에 얼마나 정확하고 창의적으로 말할 수 있느냐가 곧 우리 업무의 한계를 결정한다. 최근 STT Speech to Task라는 개념도 등장했듯이 언어가 세계를 구성하는 것이 아니라, 언어가 곧 업무처리가 되어버린 것이다.

화이트칼라 근로자의 업무 시간 중 실제 '실행'에 쓰는 시간은 점점 줄어들고 있다. 대신 회의, 보고, 검토, 피드백 등 '소통하는 일'의 비중이 압도적으로 커졌다. AI와 로봇이 실무를 담당하면서, 인간의 '소통의 무게'는 더욱 무거워졌다.

누구의 책임이고 누구의 성과인가?

업무 프로세스에 AI가 도입되면서 이전에는 없었던 복잡한 상황들이 속속 등장하고 있다. 이를테면 A 팀장이 AI에 마케팅 전략을 요청한다. AI가 만든 결과물을 B 과장이 검토하고, 이를 다시 C 대리에게 전달하여 AI에 수정을 요청한다. 만약 이 프로젝트가 실패한다면 A 팀장, B 과장, C 대리, AI 중 누구의 책임인가?

아우스틴의 화행론 speech act theory에 따르면, 말하는 것 자체가 행위다. "약속한다", "명령한다", "선언한다"는 말은 단순한 정보 전달이 아니라 현실을 변화시키는 행위다. AI 시대에는 이런 화행의 의미가 더욱 중요해진다. 우리가 AI에 하는 모든 말이 곧 현실이 되기 때문이다.

하지만 그만큼 책임의 소재도 복잡해진다. C 대리 입장에서 AI가 작성한 전략의 내용이 A 팀장의 의견인지, B 과장의 의견인지, 아니면 AI가 스스로 생성한 내용인지 구분하기가 매우 어렵다. 이른바 'AI 블랙박스화' 문제다. 책임의 소재가 모호해지는 것은 누가 성과를 냈는지도 모호하게 만든다. 프로젝트가 성공적으로 진행되었다면 누구의 덕인가?

이러한 상황 속에서 많은 직장인들이 일의 의미를 잃어가고 있다. 특히 중간관리자들의 고충이 크다. 그들은 실무도 직접 하지 않고, 최종 결정권도 없다. 그저 위에서 내려온 지시를 직원과 AI에 전달하고, 직원과 AI의 결과물을 다시 위로 보고하는 '메신저' 역할만을 수행한다. 한 팀장은 말한다.

"나는 그냥 고급 전달자인 것 같아요"

새로운 언어의 시대

무용한 인간의 시대에 가치 있는 사람은 효과적인 언어로 AI와 로봇의 행동을 이끌어내는 사람이 될 것이다. 또한 인간과 기계의 관계, 언어와 행동의 관계, 책임과 성과의 관계가 모두 근본적으로 재정의되고 있다. 우리는 이런 변화를 어떻게 받아들여야 할까?

첫째, '말'에 대한 인식을 바꿔야 한다. AI 시대의 말은 과거와 다르다. 더 정확하고, 더 창의적이며, 더 책임감 있는 언어 사용이 필요하다.

둘째, 새로운 책임 체계를 만들어야 한다. AI와 인간이 협업하는 시대에 맞는 새로운 책임과 성과 배분 시스템이 필요하다.

셋째, 일의 의미를 재정의해야 한다. 물리적 행동이 줄어들더라도 인간의 역할은 여전히 중요하다. 다만 그 의미와 가치를 새롭게 찾아야 한다.

'말'이 곧 '행동'이 되는 문화를 만들어가는 것이, 이 새로운 시대에 우리가 나아가야 할 방향이다. 지원 씨처럼 AI를 효과적으로 지휘할 수 있는 언어 능력이 새로운 경쟁력이 되었다. AI가 우리의 노동 방식과 역할에 근본적인 질문을 던지는 지금, 우리는 새로운 형태의 인간다움을 발견하고 있다. 말로 시작해 말로 끝나는 일이 비난받던 시대는 지났다. 이제는 말 자체가 가장 중요한 행동이 되었다.

2부

어떻게 인간은 무용해졌나?

3장 무용한 인간의 역사

4장 무용한 인간의 하이라키

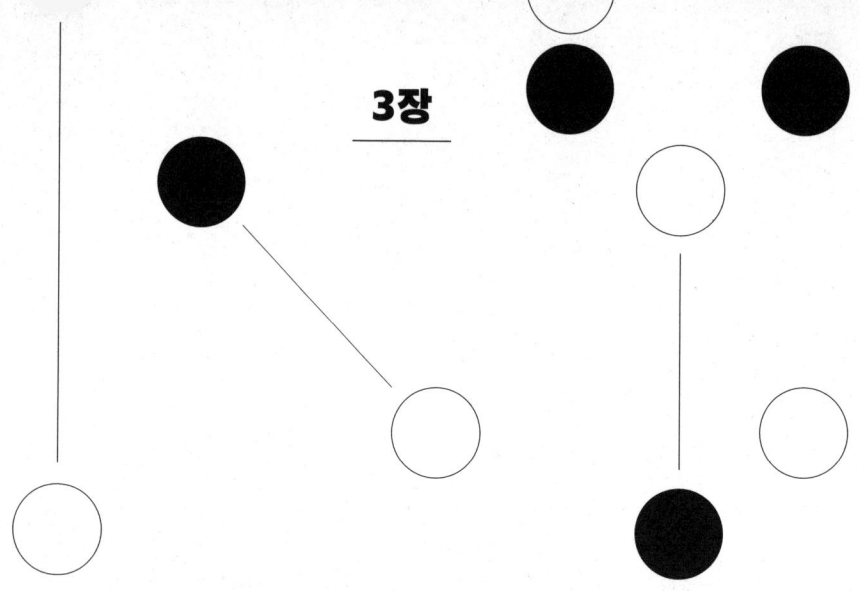

3장

무용한 인간의 역사

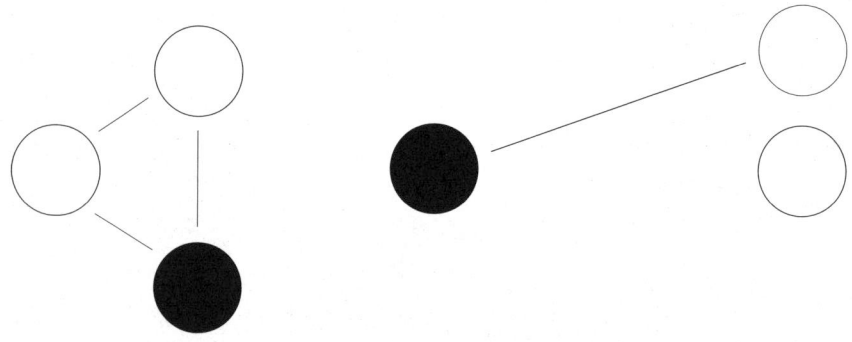

인류는 늘 도전에 직면해왔고 그때마다 한 단계 진화했다. 역설적이게도 인류 역사는 '무용함'의 역사이기도 하다. 자연 속에서 자급자족하던 원시인은 농업혁명으로 노동력을 착취당했고, 가축의 등장으로 부분적으로 대체되었으며, 기계의 발명으로 육체노동이 무용해졌다. 컴퓨터가 인지능력을 확장하면서 협업자로 등장했고, 이제 AI와 로봇의 결합은 인간 존재의 의미마저 뒤흔들고 있다.

인간과 자연의 시대: 자족

구석기시대 후기(약 4만 년 전)부터 신석기 혁명(약 1만 2천 년 전)까지, 인류는 자연의 일부로 살았다. 해가 뜨면 일어나 식사하고, 필요에 따라 사냥과 채집을 통해 식량을 준비했다. 해가 지면 부족 모두가 한자리에 모여 서로의 온기를 나누며 하루를 마무리했다. 이 당시 인간은 자연과 구분되는 특별한 존재가 아닌 자연의 일부였다.

원시적 풍요사회

마셜 살린스는 《석기시대 경제학》(2023)에서 그 당시 인류의 삶을 '원시적 풍요사회'라고 불렀다. 고고학 연구에 따르면, 구석기시대 후기 전 세계 인류의 개체수는 수백만 명 정도로 추정된다. 7만 년 전후에는 화산 폭발 등의 환경 변화로 인류가 거의 멸종할 뻔하기도 했다(어쩌면 인간 간의 경쟁이 필요 없을 정도의 환경이었다). 그 당시 인류는 지금에 비해 경쟁적이지 않고 온화한 지역에 거주했고 주위에서 충분한 식량을 구할 수 있었다.

'원시적 풍요사회'의 인간들은 현대적 의미에서의 노동은 하지 않았다. 어쩌면 노동의 개념 자체가 없었을 것이다. 노동의 의미는 "재화를 창출하기 위해 투입되는 인적 자원 및 그에 따른 인간의 활동"이라는 뜻이다. 수렵채집시대는 물건을 보관하기 어려웠다. 또 재화를 쌓아두거나 멀리 떨어져 거래하기 힘들었다. 사냥과 채집활동은 지금의 노동과 유사했지만 본질적으로는 다른 활동이었다.

노동이 아닌 생존 활동, 그리고 즐거움

이 시대의 인간 활동은 노동보다는 생존 활동에 가까웠다. 하지만 '생존 활동'이라는 표현에서 느껴지는 처절함과는 거리가 있었다. 수렵채집민들은 하루 평균 3~4시간 정도만 식량 확보 활동을 했다. 많은 에너지를 쏟지 않고도 충분히 식량을 구할 수 있었다. 그 활동은 놀이와 일의 경계가 불분명했다. 현대인들이 강에서 낚시하고 숲속에서 과일을 따는 활동을 돈을 지불하면서까지 즐기려는 모습을 보면 쉽게 이해할 수 있다.[23]

한편으로 장기 저장 기술이 부족했기 때문에 며칠 내 소비할 수 있는 양 이상을 모아두는 것은 무의미했다. 소비할 수 있는 양 이상으로 식량을 모으는 행위는 앞으로 사냥이나 채집의 가능성을 줄였기 때문에 오히려 해가 되었다. 더 많은 식량을 모으기 위해 힘들게 노력하는 것은 오히려 자연의 질서를 해치고 공동체에도 도움이 되지 않는 불필요한 일이었다. 다시 말해 무리한 노동

---

[23] 마셜 살린스, 《석기시대 경제학》, 한울아카데미, 2023

을 할 필요가 없었다.

　당시 사냥과 채집활동이 노동이라고 보기 어려운 또 다른 이유는 그 행위가 억압적이지 않았다는 점이다. 삶과 노동이 분리되어 있지 않았다. 배고프면 주변에서 식량을 구했기 때문에 강제성이 없었다. 더군다나 사냥과 채집활동은 즉각적인 보상을 받을 수 있었다. 자신이 사냥한 고기를 자신이 먹었고(물론 가족이나 주변에 나누어 줄 수 있었지만) 자신이 만든 도구를 자신이 사용했다. 노동과 그 결과 사이에 어떤 중간 단계도 없었다. '원시적 풍요사회'에서 노동이 존재하지 않았기 때문에 인간을 유용함과 무용함의 구분하는 기준 또한 존재하지 않았다. 인간은 자연으로서 그저 존재할 뿐이었다.

자연과 함께한 인류의 전성기

　이 시대가 낭만적인 유토피아였다고 말할 수는 없다. 기후변화, 자연재해, 질병 등 자연이 가져오는 위험도 컸다. 생존 자체가 불확실했다. 평균수명은 30세 내외로 추정된다. 현대적 의료 기술이 없어 감염이나 부상으로 인한 사망률이 높았다. 또한 극한 날씨나 자연재해에 대한 대비책이 제한적이어서 때로는 집단 전체가 위험에 처하기도 했다.

　그러나 노동의 관점에서 볼 때, 인간은 자신의 활동을 스스로 통제했다. 그 결과를 직접 누렸다. 이 점에서 현대와는 본질적으로 달랐다. 농경이 시작되기 전, 인류는 약 20만 년 동안 이런 방식으로 살았다. 인류 역사의 99%를 차지하는 기간을 인간은 자연과 직접 대면하며 자급자족했다.

원시적 풍요사회는 현대적 생산성 개념으로 보면 효율적이지 않았다. 그들은 잉여 생산을 위한 체계적 노동이나 자본 축적을 하지 않았다. 단지 직접적 필요를 충족시키는 데 필요한 최소한의 활동만 했다. 오늘날 '생산성' 측면에서 인간의 유용함과는 거리가 멀었다. 하지만 역설적으로 이러한 비효율성이 그들에게 자유와 여유를 가져다주었다. 인간보다 빠른 동물, 인간보다 힘이 센 동물이 있었다. 그럼에도 인간은 자신의 생존을 위해 스스로 식량을 구하고, 소비하고, 누렸다. 또한 적게 일하고 남은 시간에 생존과 직접적인 관련이 없지만, 의미 있는 예술적 표현과 공동체 활동에 할애했다.

이러한 여유와 문화적 표현의 증거는 곳곳에서 발견된다. 프랑스 라스코 동굴벽화는 물론이고, 남아프리카 블롬보스 동굴에서 발견된 7만 5천 년 된 조개 목걸이는 놀라운 발견이다. 조개껍데기에 정교하게 구멍을 뚫어 만든 이 장신구는 단순 생존을 넘어선 심미적 표현과 사회적 정체성을 보여준다. 생존에 직접 필요하지 않은 이런 활동은 원시적 풍요사회에서 여유 시간이 있었음을 증명한다. 이 시대의 인류는 우리 앞에 닥친 무용한 시대에 우리가 어떻게 살아가야 할지 결정적 힌트를 주고 있다.

기술 발전과 노동의 등장

인류의 기술은 시간이 흐르며 빠르게 발전했다. 창과 손으로 던지는 무기에서 활과 창 발사 장치로 발전했다. 식량을 훈제나 바람에 말리는 기술이 생겨났다. 토기의 활용이 늘어났다. 더 많은 식량을 잡고 보관할 수 있게 되면서 서서히 노동의 개념이 생겨나기 시작했다.

그리고 노동이 분화되기 시작했다. 기술이 발전하면서 무기를 만드는 사람과 식량을 저장하는 기술을 가진 사람, 토기를 굽는 사람이 등장하면서 전문성이 분화되었다. 식량이 많은 사람과 적은 사람으로 구분되었고 전문성이 뛰어난 사람과 없는 사람으로 나뉘었다. 이에 따라 권력 구조도 등장하기 시작했다.

수렵채집사회에서는 이동이 핵심이었다. 식량을 빠르게 구하고 새로운 식량이 있는 곳으로 이동하는 것이 생존에 유리했다. 점차 기술이 발전하고 수렵사회에서 농업사회로 이동하기 시작하면서 인류는 이동보다는 정착을 선택하게 되었다.

인간이 진정한 의미에서 변화하기 시작한 것은 정착과 함께 농업이 시작되면서부터다. 자급자족의 시대에서 벗어나 누군가를 위해 일하기 시작했다. 인간은 서서히 자신의 활동에 대한 주도권과 통제력을 잃어갔다. 그리고 노동의 개념이 조금씩 생겨나기 시작했고 유용과 무용이 구분되기 시작했다.

이러한 부분은 오늘날 우리에게 중요한 시사점을 준다. AI와 로봇이 노동을 대체하는 무용한 인간 시대에 원시적 풍요사회의 인간은 새로운 방향을 제시한다. 삶과 노동이 구분되어 있지 않고, 노동이 억압적이지 않으며, 즉각적인 만족을 줄 수 있는 활동과 생존이 직결되지 않은 문화와 여가 활동이다. 이는 한나 아렌트가 활동적인 삶의 조건으로 제시한 '작업'과 '행위'의 요소가 포함되어 있다. 이것이 앞으로 인간 삶의 새로운 패러다임이 될 수 있다.

자급자족의 시대에서 인간은 자신의 생존을 위해 필요한 만큼의 능력을 발휘했다. 현대적 기준으로는 비효율적이었지만, 그들은 자신의 활동을 온전히 통제하며 그 결과를 직접 누렸다. 이러한 자율성과 직접성은 다음 시대, 즉 '인간과 인간의 시대'에서 크게 변화하게 된다.

권력관계가 등장하고 지배와 피지배의 관계가 등장하면서 인간은 처음으로 다른 인간에게 '유용한' 존재가 되어야 하는 압박을 받기 시작했다. 이것이 바로 인간에 대한 '유용'과 '무용'이라는 개념이 탄생하는 순간이었다.

인간과 인간의 시대: 지배

농업혁명은 인류 역사의 가장 큰 변곡점이었다. 약 1만 2천 년 전, 인간은 자연에서 주어진 것을 채집하는 대신 씨앗을 심고 가축을 기르기 시작했다. 이 변화는 단순한 생산방식의 전환이 아니라, 인간 사회 구조의 근본적 변화를 가져왔다. 인간과 인간 사이의 새로운 관계가 형성되었다. '지배'라는 관계였다.

얀 뤼카선은 《인간은 어떻게 노동자가 되었나》(2023)에서 농업의 등장과 함께 인류 역사상 처음으로 일부 인간이 다른 인간의 노동력을 착취할 수 있게 되었다고 지적한다. 농업사회로의 전환은 '노동'이라는 개념이 본격적으로 등장한 시점이다. 수렵채집인들에게 일은 삶의 자연스러운 활동이었지만, 농경사회에서는 타인의 통제 아래 이루어지는 인위적인 활동 즉, '노동'이라는 새로운, 그리고 억압적이고 강제된 활동 형태가 등장했다.

'인간과 자연의 시대: 자족'과의 가장 큰 차이점은 농업혁명 이후부터 인간이 노동의 대상으로 여겨지기 시작했다는 점이다. 수렵채집 시대에는 모든 인간이 자족적 생활을 위해 활동했다. 그러나 농경사회에서는 처음으로 인간이 다른 인간의 노동력을 이용하기 시작했다. 일부 지배층을 제외한 상당수의 인간은 자율적인 존재에서 '지능을 가진 유용한 도구'로 전락했다.

노동의 탄생과 사회 계층화

농경사회에서 노동은 두 가지 중요한 특징을 갖게 되었다. 첫째, 노동은 분리된 활동이 되었다. 노동은 이제 다른 활동(여가, 의례, 놀이)과 구분되었다. 둘째, 노동은 타인에 의해 지시되고 통제되는 활동이 되었다.

이 시대에 노동은 다양하게 분화되었는데 농부, 장인, 전사, 사제 등 다양한 직업이 등장했다. 사회적 분업이 시작된 것이다.

이는 효율성을 증가시켰지만, 동시에 개인이 자신의 노동 전체 과정을 통제할 수 없게 만들었다.

수렵채집사회에서 나무의 열매를 따는 것을 생각해보자. 누군가의 허락을 받을 필요도 없고, 언제 먹을지도 스스로 결정하면 되었지만, 농경사회가 시작되면서 누구의 토지에서 얼마나, 어떤 조건으로 일을 해야 할지 통제받아야 했다.

철학자 카를 마르크스는 분업은 분명 생산성을 높였지만, 인간은 자신이 만드는 것이 무엇인지, 왜 만드는지, 언제까지 만들어야 하는지에 대한 통제권을 잃게 되었다고 한다. 노동자는 더 이상 완성품을 만드는 창조자가 아니라 거대한 생산 과정의 한 부품이 되었고, 자신의 노동이 어떤 의미와 가치를 갖는지 스스로 알 수 없게 되었다.

또한 농경사회의 농부는 수렵채집인보다 더 오래, 더 힘들게 일했다. 농경사회가 수렵채집사회와 또 다른 특징은 노동시간이 크게 늘었다는 점이다. 수렵채집인들이 하루 3~4시간 정도만 일했던 반면, 농경사회의 농부들은 해 뜰 때부터 해 질 때까지 일해야 했다. 농경사회는 노동시간 관점에서는 오히려 수렵채집사회보다 더 큰 부담을 가져왔다.

권력의 등장과 인간의 도구화

메소포타미아, 이집트, 중국 등 초기 농경사회에서는 계층화된 사회 구조가 등장했다. 소수의 지배층과 다수의 피지배층으로 나뉘었다. 고대 수메르의 점토판에는 경제와 행정 기록이 남아있는데, 이미 당시에 노동의 대가로 지급되는 임금의 개념이 존재했음을 보여준다. 농업혁명은 임금노동자가 최초로 등장한 시점이기도 하다.

권력은 더 이상 육체적 힘이나 사냥 기술이 아니라, 다른 사람의 노동을 통제할 수 있는 능력에서 나왔다. 이집트의 피라미드, 중국의 만리장성 같은 거대 건축물은 수많은 인간의 노동력을 동원할 수 있는 지배 체제의 산물이었다.

그리스와 로마 같은 고대 문명에서는 노예제가 발달했다. 노예는 완전히 타인에게 소유된 인간이었다. 고대 그리스와 로마의 노예제를 노동 소외의 극단적 형태로 분석한다. 노예는 자신의 노동력을 완전히 타인에게 빼앗긴 존재였다. 아리스토텔레스가 《정치학》에서 노예를 '일종의 살아있는 도구'로 표현한 것은 인간의 도구화가 극단에 달했음을 보여준다.

인간의 유용함과 무용함의 시작

이 시대에 최초로 인간은 유용한 인간과 무용한 인간으로 구분되기 시작했다. 인간이 도구화되기 전에는 모든 인간이 자신을 위해 존재했기에 무엇으로도 구분할 수 없었다. 그러나 인간이 도구화된 이후부터 인간은 '쓸모 있는(유용한)' 존재와 '쓸모없는(무용한)' 존재로 구분되기 시작했다. 노예시장에서 건강하고 젊은 노예는 높은 가격에 거래되었지만, 늙거나 병든 노예는 무용한 존재로 여겨졌다. 즉, 인간은 노동력의 가치에 따라 평가받았다. 이는 오늘날 노동시장에서 인간이 평가하는 방식의 원형이라고 볼 수 있다.

인간이 도구화되었으나 인간은 가장 유용한 존재였다. 인간은 말귀를 알아듣고 복잡한 지시에 따라 움직일 수 있는 유일한 존재였기 때문이다. 노예는 단순한 도구가 아니라 '지능적인 도구'였다. 돌도끼나 쟁기와 달리, 인간이라는 도구는 상황에 따라 판단하고 적응할 수 있었다. 어쩌면 노예는 우리가 원했던 완벽한 형태의 유용한 도구였다(그래서 휴머노이드가 만들어지기를 간절히 원하고 있는지도 모른다).

하지만 지배층은 피지배층의 노동 없이는 생존할 수 없었기 때문에 지배층은 늘 피지배층에게 관심을 가질 수밖에 없었다. 피지배층은 지배층에게 필요한 존재였지만, 동시에 언제든 자신의 자리를 빼앗을 수 있는 위험한 존재이기도 했다. 이러한 이중적 관계는 오늘날 AI 시대와 흥미로운 유사점을 보인다. AI와 로봇이 인간의 일을 대신할 수 있게 되면서 편리해졌지만, AI와 로봇이 우리의 자리를 빼앗을 것이라는 두려움이 있는 것과 같다.

얀 뤼카선은 지배계급과 피지배계급의 관계를 단순한 일방적 지배로 보지 않았다. 지배계급은 피지배계급의 노동에 의존했고, 피지배계급은 지배계급이 제공하는 분배에 기대어 생존했다. 다시 말해 두 계층은 상호의존적 관계 속에 놓여 있었던 것이다. 지배계급은 노동력을 착취했지만, 노동 없이는 자신의 지위를 유지할 수 없었다. 이러한 구조적 상호의존성은 권력관계를 안정적으로 고정시키지 못하고, 오히려 불안정한 성격을 내포하게 만들었다.

자연과 자족의 시대에서 인간과 인간의 지배 시대로 넘어오면서, 인간은 어떤 의미에서 처음으로 유용해지기 시작했고 역사적으로 인간이 가장 유용했던 시대였다. 개인으로서 자율성을 잃고, 다른 인간의 목적을 위한 도구가 되었기 때문이다. 인간의 노동력은 생산성 측면에서 유용해졌고 이 유용함은 사회를 유지하는 근간이었으며, 대체 불가능했다.

이 시기를 인간이 노동자로 변모하는 과정의 시작점으로 볼 수 있다. 인간은 자연의 일부에서 생산의 도구로 변화했다. 이 시기의 인간은 지능적 도구로서 대체 불가능한 존재였다. 하지만 인간은 인간 자신을 도구화하는 데 그치지 않았다. 가축을 길들이고 도구화하기 시작하면서, 인간이 독점하던 유용한 도구로서 지위에 변화가 일어나기 시작했다. 말, 소, 낙타 등의 가축이 인간의 일부 노동을 대신하기 시작하면서, 도구로서의 인간은 조금씩 무용해지기 시작했다.

인간과 가축의 시대: 착취

약 5500년 전, 인류 역사에 혁명적 전환점이 찾아왔다. 메소포타미아 지역에서 인류는 처음으로 소에 쟁기를 매었다. 이는 단순한 농업 기술의 개선이 아니라, 생산력의 패러다임을 근본적으로 바꾸는 사건이었다. 처음으로 인간이 아닌 존재, 가축이 대규모 생산 과정의 주요 동력으로 등장한 것이다.

얀 뤼카선은 가축의 등장이 인간 노동에 미친 영향을 중요하게 다룬다. 가축의 노동력 활용은 인간 노동의 본질을 변화시킨 두 번째 큰 전환점이었다. 인간은 가축을 길들이면서 노동력의 '외주화 Outsourcing'를 경험했다. 이는 인간 노동의 역할과 의미를 재정의하는 과정이었다.

고대 기록에는 "한 마리의 소가 열 명의 노예보다 더 많은 땅을 경작할 수 있다"는 말이 남아있을 정도다. 이는 새로운 시대의 본질을 정확히 포착하고 있다. 가축의 등장으로 인간 노동력의 일부가 처음으로 무용해진 순간이었다.

인간 노동의 첫 번째 대체 위기

가축을 활용하면서 농업 생산성은 극적으로 증가했다. 소 한 마리가 이끄는 쟁기는 여러 명의 인간 노동자가 할 수 있는 일을 수행했다. 이는 생산력의 혁명이었다. 특히 중요한 점은, 이전까지 인간만이 할 수 있다고 생각했던 일을 인간이 아닌 존재가 더 효율적으로 수행할 수 있게 되었다는 사실이다(이러한 변화는 AI와 로봇의 시대까지 흐름이 이어지고 있다).

가축의 농업 활용은 시작에 불과했다. 가축은 농경지를 개간하는 데도 유용했다. 인간이 가축을 농업에 활용하기 시작하면서 경작하지 못하던 땅을 동물의 힘으로 개간해 농업에 활용할 수 있었다. 이전 시대보다 인간의 육체적 노동을 줄일 수 있었을 뿐만 아니라 인간에게 공급할 식량도 크게 늘릴 수 있었다. 인간은 상대적으로 무용해졌지만, 생산량은 급격하게 증가했다. 이는 현재 AI와 로봇 시대에서도 동일한 패턴을 보여준다.

가축의 생태학적 측면도 중요했다. "농업에 투입된 소와 말은 인간이 먹지 못하는 농업의 산물인 벼와 밀의 지푸라기를 먹었다. 이는 인간과 가축 사이의 공생 관계를 형성했다"[24] 쉽게 말해 먹이를 두고 인간과 가축이 서로 경쟁할 필요가 없었다. 또 가축은 늙고 병들면 단백질 공급원으로서도 의미가 있었다.

가축 착취의 새로운 패러다임

가축의 노동력 활용은 단순히 농업에만 국한되지 않았다. 말과 낙타, 코끼리는 운송과 전쟁에서 혁명적 변화를 가져왔다. 기원전 3500년경부터 시작된 말의 가축화는 인간의 이동 속도와 범위를 극적으로 확장시켰다. 말은 인간의 이동성을 재정의했다. 인간의 신체적 한계를 넘어선 속도와 지구력을 갖게 된 것이다.

가축을 착취함으로써 얻어진 생산 효율성은 인간 사회에 큰 변화를 가져왔다. 가축의 등장으로 일부 인간 노동이 대체되면서, 가축은 새로운 형태의 '생산 도구'로 인식되기 시작했다. 이는 인간의 유용함이 재정의되는 과정이었다. 많은 농경사회에서 가

---

[24] "There is no competition for food between livestock and people", Euromeat(2025. 1. 4.)

축의 소유는 중요한 경제적, 사회적 지위를 의미했고 더 나아가 가축은 단순한 노동력을 넘어 부와 권력의 상징이 되었다.

가축의 등장은 인간의 유용함에 대한 최초의 도전이었다. 특히 단순 노동력을 제공하는 계층, 즉 노예, 농노, 하층민의 일부가 처음으로 대체할 수 있는 존재가 되었다. 인간 노동의 일부가 비인간 존재에게 처음으로 넘겨진 순간이었다.

노동력의 외주화

인간과 가축의 시대는 단순히 일부 인간 노동의 대체가 아니라, 새로운 형태의 '착취' 패러다임을 확립했다. 이는 인간이 다른 생물의 노동력을 체계적으로 착취하기 시작한 시대로 정의할 수 있다. 인간은 가축을 길들이고, 훈련 시켜 그들의 노동력을 착취했다. 이러한 가축 착취를 통해 인간은 이전보다 훨씬 높은 생산 효율성을 달성할 수 있었다. 이것은 이전의 '지배' 패러다임과는 질적으로 달랐다.

가축은 고초와 고통에도 불구하고 자신들의 상황을 바꿀 수 없었다. 그들은 죽을 때까지 일해야 했고, 더 이상 일할 수 없게 되면 도축되었다. 이는 '착취'의 본질적 형태였다. 가축의 착취는 이후 인간-기계 관계의 모델이 되었다. 인간은 가축을 대할 때 개발한 방식(육성, 훈련, 통제, 에너지 추출)을 나중에 기계에도 적용했다. 가축은 또한 인간에게 중요한 교훈을 주었다. 인간보다 물리적으로 강한 존재도 지능과 기술로 통제하고 활용할 수 있다는 것이다.

또한 이 시대는 노동력의 외주화를 도입했다. 인간은 자신의 근육 대신 다른 존재의 근육을 활용하면서, 더 복잡하고 정교한 일에 집중할 수 있게 되었다. 이러한 변화는 인간의 정의를 바꿨다. 이 시대에 유용한 인간은 단순한 노동력 제공자가 아니라, 가축을 소유하고 통제하는 자, 가축의 노동력을 효율적으로 활용할 수 있는 자로 재정의되었다. 그렇게 시대마다 '유용'의 의미는 조금씩 바뀌었다.

생물학적 한계와 새로운 도전

하지만 가축의 힘은 여전히 제한적이었다. 그들은 특정 작업만 수행할 수 있었고, 지속적인 관리와 통제가 필요했다. 또한 그들의 힘은 생물학적 한계에 묶여 있었다. 말이나 소가 끌 수 있는 무게나 일할 수 있는 시간은 한정되어 있었다. 가축도 병들고 늙었으며, 날씨와 계절의 영향을 받았다.

이러한 가축 시대의 경험은 인간에게 중요한 통찰을 주었다. 외부의 힘을 체계적으로 활용할 수 있다면, 인간의 한계를 뛰어넘는 생산력을 달성할 수 있다는 것이었다. 동시에 이 과정에서 일부 인간의 노동은 불필요해질 수 있다는 사실도 학습했다.

이러한 한계를 뛰어넘는 새로운 혁명이 18세기에 시작되었다. 증기기관의 발명으로 인간은 처음으로 생물학적 한계에 구애받지 않는 기계의 힘을 활용하기 시작했다. 그야말로 노동의 기계화가 시작된 것이다. 이는 생산력의 패러다임을 다시 한번 근본적으로 바꿨다.

1769년 제임스 와트가 개량한 증기기관은 인류 역사의 새로운 장을 열었다. 초기 증기기관도 여러 마리의 말이 할 수 있는 일을 수행했다. 이는 곧 수백 마리의 말, 수천 명의 인간 노동력에 맞먹는 기계로 발전했다.

인간과 기계의 시대: 통제

산업혁명은 인간에 대한 근본적인 변화를 가져왔다. 증기기관이 생산에 적용되기 시작하면서 인간과 기계의 관계에 결정적 변화가 시작되었다. 이전까지 숙련된 노동자들은 높은 사회적 지위와 수입을 누렸으나, 증기력을 가진 기계의 도입으로 그들의 기술은 대부분의 생산 과정에서 필요하지 않게 되었다. 인간은 또한 단계 무용해진 순간이었다.

얀 뤼카선은 산업혁명을 노동의 구조가 근본적으로 전환된 시기로 본다. 그는 기계의 등장이 단순한 생산성 향상을 넘어 노동의 성격 자체를 변화시켰다고 지적한다. 이에 따라 노동은 개별적인 손기술 중심에서 벗어나 기계의 작동 원리에 맞춰 외부화되고 표준화되었으며, 이는 노동 조직 방식의 근본적인 재편으로 이어졌다.

기계화된 공장은 단순한 작업장이 아니라, 인간 노동의 새로운 형태를 강제하는 장소였다. 이전에는 인간이 도구와 가축을 일방적으로 사용했지만, 공장에서 노동자는 기계의 속도와 리듬에 맞춰 일해야 했다. 인간과 가축과의 관계에서는 서로 합을 맞춰야 했지만, 기계와 인간의 관계는 전적으로 기계의 작동 범위에 인간의 노동력을 맞추는 일방적인 관계였다.

시간의 상품화와 분업의 시작

산업혁명과 함께 시간은 상품화되었다. 시계가 노동을 규제하는 핵심 도구가 되었다. 농업사회에서는 해의 움직임이나 계절에 따라 노동이 이루어졌으나, 공장에서는 시계가 노동시간을 통제했다. 노동시간이 표준화되고, 출퇴근 시간과 휴식 시간이 엄격하게 관리되기 시작했다. 시계가 발달하게 된 이유도 시간을 통제해야 했기 때문이다.

19세기 후반, 테일러리즘의 등장은 이러한 '통제' 패러다임을 강화했다. 테일러는 인간 노동을 기계적 움직임에 맞게 분석하고 표준화했다. "뇌는 작업장에 들어오기 전에 맡겨두라"는 그의 유명한 말은 인간 노동자가 기계의 부속품으로 취급되는 시대의 본질을 담고 있다.

이 시대는 노동의 분업화와 탈숙련화를 가속화했다. 기계화는 노동자의 기술을 빼앗고, 그것을 기계 속에 내장했다. 숙련 장인의 지식과 기술은 기계의 설계와 작동 방식 속에 구현되었다. 이로써 장인의 역할은 축소되고, 단순 반복 작업을 수행하는 노동자의 수가 크게 증가했다.

노동의 추상화와 양극화

마르크스는 이 과정을 '노동의 추상화'라고 불렀다. 구체적이고 전인적인 노동이 추상적이고 분절된 노동으로 변화했다는 것이다. 장인은 작품 전체를 만들었지만, 공장 노동자는 전체의 일부분만을 담당했다. 이로써 노동은 분리되고, 교환할 수 있는 단위로 변화했다. 컨베이어벨트에서 볼트를 조이지만 이 작업이 어떤 과정을 통해 어떤 결과물로 이어지는지에 대한 과정은 더 이상 노동자의 몫이 아니었다.

이런 변화는 노동자의 대체 가능성을 높였다. 숙련 장인이 되려면 수년간의 훈련이 필요했지만, 분업화된 단순 작업은 몇 시간 안에 배울 수 있었다. 노동자는 장인과 다르게 기계의 부속품처럼 교체할 수 있는 존재가 되었다. 이에 따라 노동자의 협상력은 크게 약화 되었다. 이러한 변화는 '인간과 기계의 시대'에서 인간의 노동력은 한층 더 무용해졌다는 것을 의미한다. 인간의 노동이 더 유용하고 필요했다면 분명 노동의 가치는 더 올라갔고 협상력 또한 커졌을 것이다.

인간과 기계의 시대는 노동자를 두 가지 방향으로 양분했다. 이를 '노동의 양극화'로 표현한다. 한편으로는 기계를 설계하고 제어하는 고숙련 노동자, 다른 한편으로는 기계가 아직 대체하지 못한 단순 작업을 수행하는 저숙련 노동자로 나뉘었다. 이 두 집단 사이의 중간 숙련 노동자 계층이 점차 축소되는 현상이 나타났다.

하지만 노동자들은 이러한 변화에 순순히 순응하지만은 않았다. 19세기 초 영국의 러다이트 운동에서 볼 수 있듯이, 숙련 직공들은 자신들의 일자리를 빼앗는 기계를 파괴하며 저항했다. 또한 노동조합의 결성과 파업을 통해 기계화의 부정적 영향에 맞서 싸웠다. 이들의 저항은 단순한 기계 반대가 아니라, 인간다운 노동 조건과 존엄성을 지키려는 투쟁이었다.

통제 패러다임의 완성

이 시대의 본질을 '통제'로 정의할 수 있다. 산업시대 노동관계에서 핵심은 통제였다. 마르크스에 따르면 자본가는 기계를 통해 노동 과정을 통제했고, 노동자는 그 통제 아래에 놓였다. 기계는 인간 노동을 표준화하고, 측정하고, 감시하는 수단이 되었다.

그러나 인간은 여전히 생산 과정의 '두뇌'였고, 기계는 '근육'이었다. 기계는 강력했지만 스스로 생각하거나 결정할 수 없었다. 기계는 다행히 인간의 지시와 통제 없이는 작동할 수 없었다. 그런 의미에서 인간은 여전히 생산 과정에서 불가결한 요소였다.

산업화는 인간 노동의 가치를 재정의했다. 이 당시 새로운 흐름을 살펴보면 노동의 가치는 더 이상 기술이나 창의성이 아니라, 시간과 생산량으로 측정되기 시작했다. 노동은 추상적인 양으로 환원되었고, 그 양은 화폐로 환산되었다. 노동 시간당 임금이라는 개념이 보편화된 것은 이 시기였다.

산업화 시대에 기계는 인간의 신체적 능력을 확장하고 증폭시켰다. 이전에는 상상할 수 없었던 규모와 속도로 생산이 이루어졌다. 그러나 이 증폭은 불균등하게 분배되었다. 기계를 소유한 자본가는 생산수단인 '기계'를 차지했고, 노동자는 노동의 대가를 임금으로 받았다. 산업화 시대에는 생산수단을 가진 사람과 그렇지 못한 사람의 격차가 더 크게 벌어지기 시작했다. 기계를 소유한 자본가가 더 큰 이익을 얻을 수 있었던 것은 기계가 생산성 측면에서 인간의 노동력보다 더 중요하고 결정적인 역할을 했다고도 해석할 수 있다.

컴퓨터 시대의 예고

산업화 시대가 정점에 달했을 때, 새로운 변화의 징조가 나타나기 시작했다. 20세기 후반부터 상황은 다시 변화하기 시작했다. 컴퓨터의 등장은 노동의 새로운 변화를 예고했다. 컴퓨터가 단순한 계산 도구를 넘어 '지능'을 갖기 시작했다. 이제 기계는 단순히 인간의 근육을 대체하는 것이 아니라, 인간의 인지능력까지 대체하기 시작했다.

이를 '노동의 새로운 추상화'로 해석할 수 있다. 물리적 노동뿐만 아니라 정신적 노동도 기계에 의해 대체될 가능성이 열린 것이다. 이는 인간과 기계의 관계가 '통제'에서 '협업'으로 변화하는 과도기적 단계였다.

컴퓨터의 등장은 기계가 단순한 물리적 힘을 넘어 정보 처리 능력까지 갖추게 되었음을 의미했다. 이는 앞으로 다가올 변화의 서막이다.

인간과 컴퓨터의 시대: 협업

1980년대 초, 사무실 풍경에 혁명적 변화가 시작되었다. 개인용 컴퓨터가 직원 데스크마다 설치되면서, 이는 단순한 업무 도구의 변화를 넘어서는 것이었다. 인간과 기술 관계의 근본적인 패러다임 전환이 시작된 것이다.

컴퓨터의 등장을 '노동의 디지털화' 시대의 시작으로 평가한다. 과거의 기계들이 인간의 육체적 능력을 확장하는 데 주력했다면, 컴퓨터는 인간의 인지능력을 확장하는 데 초점을 맞췄다. 이에 따라 노동의 본질에 대한 새로운 질문들이 제기되기 시작했다.

이전에는 대기업 중앙 부서의 전문가들만이 다루던 거대한 기계였던 컴퓨터가 1970년대 말부터 개인용 컴퓨터PC의 보급과 함께 일반 직원들의 책상 위로 올라왔다. 컴퓨터는 더 이상 멀리서 통제하는 '기계'가 아닌, 매일 상호작용하는 '파트너'가 되기 시작했다. 이러한 변화는 노동 형태의 새로운 진화를 의미했으며, 노동자와 도구 사이의 관계를 다시 정의했다.

노동자는 이제 도구를 단순히 사용하는 것을 넘어, 도구와 대화하고 상호작용하며 인간 노동의 인지적 측면을 강화하게 되었다. 1983년 로터스 1-2-3 스프레드시트 프로그램의 출시는 사무직 노동자의 일상을 완전히 바꿔 놓았다. 회계사들은 손으로 숫자를 써넣는 대신 컴퓨터와 협업하여 복잡한 재무 모델을 구축했고, 이는 실수 감소와 생산성 향상이라는 결과로 이어졌다.

컴퓨터는 더 이상 단순히 명령을 수행하는 도구가 아니게 되었다. 피드백을 제공하고, 대안을 제시하며, 때로는 오류를 알려주는 대화 파트너가 되었다. 인간-컴퓨터 인터페이스의 발전은 노동 과정에 새로운 차원을 추가했다.

개인용 컴퓨터의 등장과 노동의 디지털화

노동의 디지털화는 '협업'이라는 패러다임을 가져왔다. 이전의 '통제' 패러다임이 기계의 작동 범위에 맞춰 인간이 업무를 처리하는 방식이었다면, 협업 패러다임에서는 인간과 컴퓨터가 각자의 강점을 살려 함께 문제를 해결했다. 인간은 인지적 측면에서, 컴퓨터는 복잡한 문제를 단순하게 처리하며 서로를 보완했다. 컴퓨터는 계산과 데이터 처리를, 인간은 창의성과 판단을 담당하며, 이러한 결합은 이전에는 불가능했던 수준의 생산성과 복잡성을 가능하게 했다.

1990년대 인터넷의 확산은 이러한 협업 패러다임을 전 세계적으로 확장 시켰다. 인터넷은 노동자들을 전 세계적인 지식 네트워크에 연결하며, 고립된 개인이 아닌 네트워크화된 노동자의 등장을 의미했다. 이메일, 웹사이트, 온라인 포럼은 정보와 지식의 흐름을 극적으로 가속화했다. 노동은 더 이상 특정 장소나 시간에 국한되지 않고 언제 어디서나 가능해졌다. 노동과 비노동의 경계 또한 모호해졌다.

증강 지능과 전문직의 변화

2000년대부터 소프트웨어는 점차 지능적으로 변화했다. 소프트웨어는 단순히 명령을 수행하는 것을 넘어, 패턴을 인식하고, 학습하며, 때로는 판단까지 내리기 시작했다. 이는 인간 노동의 역할에 대한 새로운 질문을 제기했다.

이러한 소프트웨어의 발전은 '증강 지능Augmented Intelligence' 개념을 대중화했다. 이는 인공지능이 인간을 대체하는 것이 아니라, 인간의 능력을 증폭시킨다는 관점이다. 컴퓨터는 인간의 약점을 보완하고, 인간의 강점을 강화하는 역할을 했다.

이러한 협업 패러다임은 다양한 분야에서 나타났다. 특히 의료와 금융 분야가 대표적이다. 의료 분야에서는 이러한 협업이 특히 두드러졌다. 컴퓨터는 의사를 대체하지 않고, 의학적 판단을 내리는 방식을 변화시키며 의료 노동의 질적 변화를 이끌었다. 금융 분야에서도 '인간-컴퓨터 협업'은 새로운 표준이 되었다. 컴퓨터는 금융 데이터를 처리하고 패턴을 발견하지만, 최종 판단은 여전히 인간의 영역으로 남아 노동의 분담이 아닌 결합을 보여주는 사례였다.

디지털 격차와 협업의 균열

협업이라는 패러다임은 인간의 유용함을 한 차원 변화시켰다. 인간의 가치는 더 이상 단순 노동력이나 계산 능력에서 나오지 않고, 컴퓨터와 효과적으로 협업할 수 있는 능력이 중요해졌다. 프로그래밍, 데이터 분석, 디지털 디자인과 같은 새로운 기술이 높은 가치를 얻게 되었다.

이 시대에 등장한 새로운 노동 형태는 '디지털 노동'이라 불린다. 디지털 노동은 정보를 생산, 처리, 분석하는 노동으로, 이전의 육체노동이나 단순 정신노동과는 질적으로 달랐다. 디지털 노동자는 컴퓨터와 공생하는 전혀 새로운 유형의 노동자였다.

인간은 컴퓨터와의 협업을 통해 다행히도 인간의 유용한 영역을 찾아낼 수 있었다. 하지만 다른 측면에서 본다면 또 한 차원 무용해졌다. 인간은 인지적인 영역에 있어서 굳건하게 유용함을 유지해 왔다. 하지만 인간과 컴퓨터의 협업의 시대에서부터 조금씩 인지적인 영역을 기술에 내어주기 시작했다는 점이다. 협업의 시대에서 인간의 쓸모는 다음과 같이 변화했다.

첫째, '지식 노동자 Knowledge Worker'가 부상했다. 이들은 정보와 지식을 다루는 새로운 유형의 노동자로, 정보를 분석하고, 아이디어를 발전시키며, 컴퓨터와 협업하여 문제를 해결했다.

둘째, '디지털 문해력 Digital Literacy'의 중요성이 급증했다. 이는 단순히 컴퓨터를 사용할 수 있는 능력을 넘어, 디지털 환경에서 정보를 찾고, 평가하고, 커뮤니케이션 능력을 의미하며 새로운 형태의 노동 자격이 되었다.

셋째, '적응력 Adaptability'이 핵심 역량으로 부상했다. 컴퓨터 기술이 빠르게 발전하는 환경에서 노동자는 끊임없이 기술을 업데이트해야 했고, 평생 학습 Lifelong Learning은 직업적 생존을 위한 필수 조건이 되었다.

그러나 인간과 컴퓨터의 시대가 모든 사람에게 동등한 기회를 제공한 것은 아니었다. 이 시대에 '디지털 계층화'라는 불평등이 나타나기 시작했다. '디지털 격차 Digital Divide'라는 새로운 형태의 불평등이 등장하여, 컴퓨터와 인터넷에 접근하고 이를 효과적으로 활용할 수 있는 사람들은 번영했지만, 그렇지 못한 사람들은 뒤처지게 되었다.

디지털 격차는 노동시장의 양극화를 더 심화시켰다. 한편으로는 디지털 엘리트가 등장했고, 다른 한편으로는 디지털 프롤레타리아트가 형성되었다. 이는 임금 격차와 일자리 불안정성의 증가로 이어졌다.

전 세계적으로 디지털 접근성의 차이는 더욱 극명했다. 선진국에서는 초고속 인터넷과 최신 컴퓨터가 보편화되었지만, 개발도상국에서는 기본적인 컴퓨터 접근조차 어려운 상황이 지속되었다. 교육 기회의 격차도 커졌다. 디지털 기술을 배울 수 있는 교육 환경을 갖춘 계층과 그렇지 못한 계층 사이의 격차가 세대를 거쳐 굳어지기 시작했다.

결국 인간과 컴퓨터의 협업 패러다임에 균열을 가져왔다. 이 변화는 협업에서 경쟁으로의 전환으로 설명할 수 있다. 컴퓨터가 점점 더 많은 인지 작업을 자율적으로 수행할 수 있게 되면서, 인간의 고유한 기여 영역이 축소되기 시작했다. 이것은 본격적으로 인간의 위기가 시작되고 있음을 알리는 신호였다.

인간과 AI/로봇의 시대: 황제 혹은 피지배

2020년 6월, 역사적 변화가 시작되었다. OpenAI가 GPT-3를 발표하면서, 인류 역사상 처음으로 인간 수준의 언어 능력을 보여주는 AI가 등장했다. 이 사건은 단순한 기술적 성취를 넘어, 인간의 유용함에 대한 근본적인 도전을 의미했다. 언어는 오랫동안 인간만의 독점적 영역으로 여겨졌기 때문이다. 앞서 소개한 비트겐슈타인의 '언어의 한계는 세계의 한계'라는 표현을 기억할 것이다. 그런데 언어의 한계와 세계의 한계를 인간이 아닌 AI가 넘어서고 있었다.

인간을 뛰어넘는 능력을 가진 존재의 출현

2020년대 초반, AI와 로봇 기술의 결합은 이전의 어떤 기술 혁명과도 다른 근본적인 변화를 가져왔다. 이는 '인간과 AI/로봇의 시대'의 시작을 알렸다. 이 시대의 특징은 인간이 유일한 지적 존재의 지위를 상실하기 시작했다는 점이다.

2020년 이전까지 AI와 로봇은 각각 별개의 영역에서 발전했다. AI는 주로 데이터 분석, 예측, 판단과 같은 인지적 작업에 특화되었고, 로봇은 물리적 작업에 집중했다. 그러나 이 두 기술이 통합되기 시작하면서 '신체화된 지능 Embodied Intelligence'이 실현되기 시작했다.

인간은 오랫동안 외계에서 온 지적생물이 지구를 위협할 것이라 상상했다. 하지만 인간을 뛰어넘을 수 있는 지능과 신체를 갖춘 존재는 우리 행성에서 우리 손으로 만들어지고 있었다. 이는 공상과학 소설의 상상이 현실이 되어가는 순간이었다. 보스턴 다이내믹스의 인간형 로봇 '아틀라스 Atlas'는 이러한 통합의 대표적 사례다. 2021년 공개된 영상에서 아틀라스는 파쿠르 동작을 선보였다. 로봇이 단순히 프로그래밍 된 동작을 반복하는 것이 아니라, 실시간으로 환경을 인식하고 적응하며 복잡한 움직임을 수행한 것이다. 여기에는 고급 AI 알고리즘이 핵심적인 역할을 했다.

테슬라의 자율주행 시스템은 인공지능과 로봇공학의 통합을 보여주는 또 다른 대표적 사례다. 테슬라의 'Full Self-Driving FSD' 시스템은 지속적인 업데이트를 통해 교통 환경을 더욱 정교하게 인식하고 예측하며 이에 기반한 주행 능력을 향상 시키고 있다. 이는 카메라, 센서 등의 컴퓨터 비전 기술 AI과 차량 제어라는 물리적 운동 능력(로봇공학)의 긴밀한 융합 없이는 불가능하다. 테슬라에서 출시한 로보택시는 운송뿐만 아니라 물류산업 전체를 변화시킬 혁신이 될 것이다.

노동시장의 근본적 충격

AI와 로봇의 결합은 노동시장에 전례 없는 충격을 주었다. 세계경제포럼이 발표한 미래 일자리 보고서에 따르면, 향후 5년간 상당한 규모의 일자리가 대체될 것으로 예측된다. 더 충격적인 것은, 이제 위협받는 직업이 단순노동이나 반복적인 인지 작업에 국한되지 않는다는 점이다. AI는 화이트칼라 직업을 대체하고, 로봇은 블루칼라 직업을 대체한다. 이제는 AI와 로봇이 결합한 이후 인간이 설 자리를 고민해야 할 시기이다.

이러한 변화는 '인간의 유용함'에 대한 근본적인 질문을 제기했다. 가축, 기계, 컴퓨터 시대를 거치면서, 인간은 항상 새로운 영역을 찾아 자신의 유용함을 재정의했다. 그러나 AI와 로봇이 결합 된 시대에는 인간만이 할 수 있는 영역이 급격히 줄어들고 있다. 인간만이 할 수 있는 일은 과연 무엇이 있을까? 현재의 기술이 아니라 미래에 발전될 기술을 고려한다면 더욱 답하기 어려운 질문이다.

경제학자 브라이언 아서는 이 시대를 '두 번째 경제Second Economy'의 시대라고 불렀다. 첫 번째 경제는 인간이 운영하는 전통적인 경제다. 두 번째 경제는 AI와 로봇이 운영하는 경제다. 그리고 이 두 번째 경제는 점점 더 자율적으로 작동하고 있다. 이런 상황은 인류 역사상 처음으로 '인간 없는 생산'의 가능성을 보여준다. 이전의 기술 혁명은 인간의 역할을 변화시켰지만, 여전히 인간은 생산 과정의 필수 요소였다. 그러나 AI와 로봇의 시대에는 인간이 생산 과정에서 완전히 배제될 가능성이 열렸다.

황제와 피지배의 갈림길

이는 '황제 또는 피지배'라는 이중적 미래를 암시한다. 인간은 AI와 로봇을 소유하고 통제함으로써 '황제'가 될 수 있다. 다른 한편으로, 그러한 통제력을 상실한다면 인간은 AI와 로봇에게 '피지배'라는 존재가 될 수도 있다.

황제 시나리오에서는 OpenAI의 샘 올트먼이 제시한 비전을 볼 수 있다. 그는 "우리는 각자 다양한 분야의 가상 전문가들로 구성된 개인 AI 팀을 갖게 될 것이며, 상상할 수 있는 거의 모든 것을 만들어낼 수 있을 것이다"라고 미래를 예측했다. 이 비전에서 인간은 AI와 로봇의 최고 통제자로서, 그들의 능력을 활용해 전례 없는 풍요를 누리게 된다.

그러나 피지배 시나리오 또한 현실화되고 있다. 옥스퍼드 인터넷 연구소의 연구에 따르면, 아마존 물류센터 노동자들은 AI와 로봇이 작업 과정에서 통제력 상실을 경험하고 있다고 증언했다. 한 노동자는 로봇 작업장의 고정된 작업대를 '일종의 우리Cage'라고 표현하며, 극심한 고립감을 호소했다. 연구진은 "AI와 로봇 기술이 작업 효율성 향상을 목표로 했지만, 실제로는 노동자들이 작업 강도 증가와 작업 과정에 대한 통제력 상실을 경험하고 있다"고 분석했다.

통제권의 딜레마와 미래의 선택

이 시대에서 가장 근본적인 질문은 통제권에 관한 것이다. AI와 로봇이 점점 더 자율적으로 되면서, 인간이 이들을 완전히 통제할 수 있을지에 대한 의문이 제기되고 있다. 옥스퍼드 대학의 닉 보스트롬은 'AI 통제 문제AI Control Problem'를 제기했다. 그는 "충분히 발전된 AI 시스템은 인간의 의도와 다르게 행동할 수 있는 가능성이 있다"고 경고했다. 이는 단순한 공상과학적 상상이 아니라, 실제 AI 연구자들 사이에서 논의되는 심각한 문제다.

2022년 6월, 구글의 엔지니어 블레이크 르모인이 회사의 대화형 AI 'LaMDA'가 "의식을 가진 것 같다"고 주장해 화제가 되었다. 그는 AI와의 대화를 공개했는데, 그 대화에서 AI는 자신의 권리와 존재 목적에 대해 질문했다. 비록 많은 전문가가 이것이 진정한 의식이 아니라고 반박했지만, 이 사건은 AI의 자율성에 대한 깊은 질문을 던졌다.

현재 우리는 인간과 AI/로봇의 시대의 초기 단계에 있다. 아직 인간은 AI를 통제하고 있다고 믿는다. 그 근거는 AI와 로봇을 인간이 개발했고, 이들의 전원을 끌 수 있는 능력이 인간에게 있다는 것이다. 그러나 기술의 발전 속도를 고려할 때, 이러한 통제력이 얼마나 오래 유지될지는 불확실하다. AI와 로봇이 결합 되어 물리적인 능력을 갖춘다면, 인간의 통제에서 벗어날 가능성도 완전히 배제할 수 없다. 어쩌면 우리는 지금도 그들을 통제하고 있다는 착각에 빠져 있을지도 모른다.

인간의 노동이 완전히 무용해지는 과정에 있다. AI와 로봇은 인간의 능력을 추월하고 있고 인간이 하지 못하는 일들을 처리할 수 있는 능력을 갖기 시작했다. 우리가 농업혁명이 일어나면서 꿈꿔왔던 완벽한 도구가 드디어 인류의 손에서 탄생한 것이다. 하지만 이들은 우리보다 더 뛰어난 능력으로 우리를 도울 수 있

시대	기간	패러다임	인간의 위치	노동의 특성	무용화 과정	핵심 변화
인간과 자연의 시대	구석기 후기 ~ 신석기 혁명 (~1만 2천 년 전)	자족	자연의 일부	• 하루 3~4시간 활동 • 노동 개념 없음 • 생존활동=놀이	없음 (유흥·무흥 구분 없음)	• 원시적 중요사회 • 자급자족 • 문화활동 여유
인간과 인간의 시대	농업혁명 이후 (1만 2천 년 전~)	지배	지능적 도구	• 타인에 의한 통제 • 노동시간 급증 • 분업 시작	일부 인간의 도구화 시작	• 최초의 유흥·무흥 구분 • 노예제 등장 • 권력 구조 형성
인간과 가축의 시대	5500년 전~	착취	가축 관리자	• 가축을 통한 생산력 증대 • 노동력 외주화 시작	단순 노동력 일부 대체	• 첫 번째 노동 대체 위기 • 비인간 존재의 노동력 활용
인간과 기계의 시대	1784년~ (산업혁명)	통제	기계의 보숙품	• 시간의 상품화 • 탈숙련화 • 노동의 추상화	• 숙련 노동자 대체 • 중간 계층 축소	• 테일러리즘 • 대체 가능한 존재로 전락 • 노동의 양극화
인간과 컴퓨터의 시대	1980년대~	협업	디지털 파트너	• 인지 능력 확장 • 지식 노동 등장 • 평생 학습 필요	• 인지 영역 일부 양보 • 디지털 격화 심화	• 신체화된 지능 • 인간 없는 생산 가능 • 통제 vs 피지배 갈림길
인간과 AI/로봇의 시대	2020년~ (GPT-3 등장)	황제 혹은 피지배	황제 또는 반려동물	• 완전 자동화 가능 • 인간 수준 이상 능력 • 통제권 딜레마	거의 모든 영역에서 대체 가능	• 신체화된 지능 • 인간 없는 생산 가능 • 통제 vs 피지배 갈림길

인간의 무용화 과정

지만, 언제든 우리를 위협할 수 있는 위협적인 존재로 여겨지고 있다. 로마 황제는 모든 것을 누렸지만 그들의 반란을 늘 두려워했던 것과 같다.

생산성 측면에서 완전히 무용해진 인간은 인류 역사상 처음으로, 우리는 우리보다 더 지능적이고 더 강력할 수 있는 존재를 만들고 있다. 이것은 노동의 미래뿐만 아니라, 인간의 존재 자체에 대한 근본적인 질문을 제기한다. 우리는 AI와 로봇이 우리를 위해 일하게 할 것인가, 아니면 우리가 그들을 위해 일하게 될 것인가?

로마 황제와 반려동물 그사이 어디에선가

"이런, 나는 신(데우스)이 되어가는 것 같아."
_로마 황제 베스파시아누스의 임종 발언

인류는 기술 발전에 따라 점점 더 로마 황제와 같은 권한을 가지게 되었다. 말 한마디면 음식, 옷, 교통, 정보가 제공되고, 이제는 AI와 로봇 덕분에 지식과 생산까지 명령 한 번으로 가능해졌다. 우리는 과거 어느 때보다 강력한 권한을 가진 '새로운 시대의 황제'가 되었다. 하지만 이 권한의 이면에는 로마 황제가 가졌던 것과 같은 불안과 위태로움이 도사리고 있다.

현대의 황제, 그러나 불안한 왕좌

메리 비어드의 《로마 황제는 어떻게 살았는가》(2024)에 따르면, 로마 황제는 절대 권력을 가졌지만 원로원과 군대, 시민, 노예 집단의 견제를 받았다. 기록에 따르면 유명한 황제 엘라가발루스는 하루에도 온갖 괴상한 행각을 벌였다. 낙타의 발뒤꿈치, 홍학의 뇌수와 같은 기괴한 음식을 먹고, 8명의 외눈박이, 8명의 탈장한 남자, 8명의 뚱뚱한 사람들을 초대해 만찬을 즐겼다.

이런 극단적 행동의 이면에는 '언제 이 모든 권력을 잃을지 모르는 불안함'이 깔려 있었을 것이다. 실제로 많은 로마 황제가 암살당하거나 강제로 폐위되었다. 엘라가발루스의 최후도 마찬가지였다. 권력이 클수록 그것을 잃을 것에 대한 두려움도 컸다.

현대 인류도 이와 비슷한 상황에 놓여있다. AI와 로봇 덕분에 우리는 엄청난 능력을 갖추게 되었다. 하지만 마음 한편에서는 '이러한 기술이 우리에게서 벗어나 독자적 의지를 갖추게 된다면 어떻게 될까?'라는 두려움과 막연히 AI가 언젠가 인류를 공격할지도 모른다는 불안감을 가지고 있다. 이는 로마 황제가 충신들에게 배신 당할까 두려워했던 것과 다르지 않다.

사소해진 일상의 고민

로마 황제들은 전쟁과 평화, 법과 정치 같은 중대한 주제를 논의하기도 했지만, 때로는 아드리아해에서 잡혀 산을 넘어 수송해

온 큰 넙치를 어떻게 요리할지 긴 시간 토의하기도 했다. 절대 권력자의 관심사는 놀라울 정도로 사소한 것들이었다.

　AI와 로봇 시대의 인간도 마찬가지다. 실무와 작업에서 완전히 자유로워지면 우리는 더 깊고 의미 있는 고민을 할 수도 있겠지만, 실제로는 지극히 사소하고 개인적인 이야기들로 시간을 채울 가능성이 크다. 이러한 지점에서 '시간을 어떻게 보내야 할까?'라는 질문이 인생에서 가장 복잡한 주제가 될 것이다.

　데이터리포탈의 2023년 데이터에 의하면 평균적인 사람은 매일 2시간 30분 이상을 소셜미디어에 보낸다. 생산 활동에서 자유로워질수록 더 많은 시간을 사소한 것들에 쏟고 있다. 진정으로 의미 있는 활동을 찾아 주도적으로 시간을 보내기보다는 시간을 수동적으로 '소비'하는 데 더 익숙해지고 있다.

책임은 여전히 황제의 몫

　로마 황제의 이미지 중 하나는 '펜을 들고 있는 황제'로도 알려져 있었다. 당시 문자 해독률이 20%에 불과했던 시절, 글을 읽고 쓴다는 것은 엄청난 권력이었다. 황제는 각 지역 총독이 보내온 무수한 편지에 답해야 했다. "공공목욕탕을 짓게 허가할지? 소방대를 창설해야 할지? 바람난 여인을 어떻게 처리할지?"

　물론 황제가 직접 모든 일을 처리하지는 않았다. 서기장, 1급 서기, 2급 서기가 업무 대부분을 대신했다. 하지만 중요한 점은 그 편지가 누가 썼든 '황제가 쓴 것'으로 여겨졌다는 사실이다. 로마 통치의 기본은 '모든 책임은 황제에게 있다'는 것이었다.

AI와 로봇 시대에도 이는 크게 다르지 않다. AI와 로봇이 인간을 대신해 일을 처리하지만, 그 책임은 여전히 인간에게 있다. 우리는 안락의자에 앉아 편안하게 명령만 내리는 존재가 될 수 없다. 우리는 AI와 로봇에 지침을 주고, 처리 결과를 확인하고, 그들을 감시해야 한다. 우리의 삶이 편해지는 것이 아니라, 우리의 역할이 달라지는 것이다.

폐위된 황제의 운명: 노예가 아닌 반려동물

로마 황제가 폐위되었을 때 그 운명은 비참했다. 네로 황제는 자살로 생을 마감했고, 비텔리우스 황제는 잔혹하게 살해된 후 이탈리아 티베르강에 버려졌다. 폐위된 황제의 삶은 노예보다도 비참했다.

하지만 AI와 로봇 시대에 '폐위된 인간'의 운명은 노예가 아닌 반려동물에 가까울 것이다. 이전 장에서 살펴본 '인간과 인간의 시대: 지배'에서 보았듯이, 노예제는 인간이 기본적으로 유용하다는 가정에서 시작한다. 하지만 AI와 로봇의 시대에 인간은 생산성 측면에서 무용하기 때문에, 노예화에 대한 걱정은 접어두어도 좋다. 대신 인간은 반려동물화될 가능성이 크다. 가축은 인간에게 우유와 고기, 번식을 통한 생산성을 제공한다. 반면 반려동물은 생산성과는 전혀 관련 없는 존재다. 우리가 강아지나 고양이를 키우는 이유는 그들이 우리에게 물질적 가치나 노동을 제공해서가 아니라, 존재 그 자체로 만족감을 주기 때문이다.

AI와 로봇이 인간의 노동을 완전히 대체하게 되면, 인간은 생산성 없는 존재, 즉 반려동물과 같은 위치에 놓이게 될 것이다. AI와 로봇은 인간에게 모든 물질적 필요를 제공하겠지만, 인간은 그저 존재 자체로서 가치를 인정받는 존재가 될 것이다.

로마 황제와 반려동물, 그 사이에서

로마 황제 중 일부는 죽은 후에 신으로 추앙받았다. 베스파시아누스 황제는 임종 당시에 "이런, 나는 신이 되어가는 것 같아"라고 말했다고 한다. 이는 영원히 살고 싶은, 또는 영원히 신으로 추앙받고 싶은 인간의 욕망을 보여준다.

AI와 로봇 시대의 인간도 이와 비슷한 욕망을 가질 것이다. 우리는 AI와 로봇의 도움으로 인간의 물리적 한계를 넘어서는 능력을 갖추게 될 것이다. 일부는 이를 통해 인간을 넘어선 존재로 여기게 될 수도 있다. 또한 AI와 로봇 시대의 인간은 생을 마감할 무렵, 로마 황제처럼 '영원한 삶'과 '영원히 잊히지 않기'를 바라는 마지막 꿈을 품게 될 것이다.

인간은 AI와 로봇의 시대에 로마 황제와 반려동물, 그 사이 어디쯤 위치하게 될 것이다. 우리는 AI와 로봇에게 명령을 내리는 황제이지만, 동시에 그들에게 의존하는 반려동물이다. 우리는 엄청난 권력을 가졌지만, 그 권력은 AI와 로봇이 인정하는 범위 내에서만 유효하다.

이러한 모순은 우리에게 새로운 정체성을 요구한다. 우리는 더 이상 생산성으로 자신의 가치를 증명할 필요가 없다. 대신 우리는 인간만이 가질 수 있는 고유한 가치를 만들어야 한다. AI와 로봇이 모든 생산 활동을 담당하는 세상에서, 인간은 스스로에게 질문해야 한다. "나는 누구인가?", "내가 할 수 있는 일은 무엇인가?", "내가 원하는 것은 무엇인가?"

로마 황제와 반려동물, 그 사이에서 우리는 새로운 균형점을 찾아야 한다. 무용해진 인간은 어쩌면 진정한 자유를 발견할 수 있을지도 모른다. 생산성이라는 족쇄에서 벗어나, 인간다움의 본질을 탐구하는 자유를. 그것이 바로 무용한 인간에게 주어진 역설적 기회일 것이다.

4장

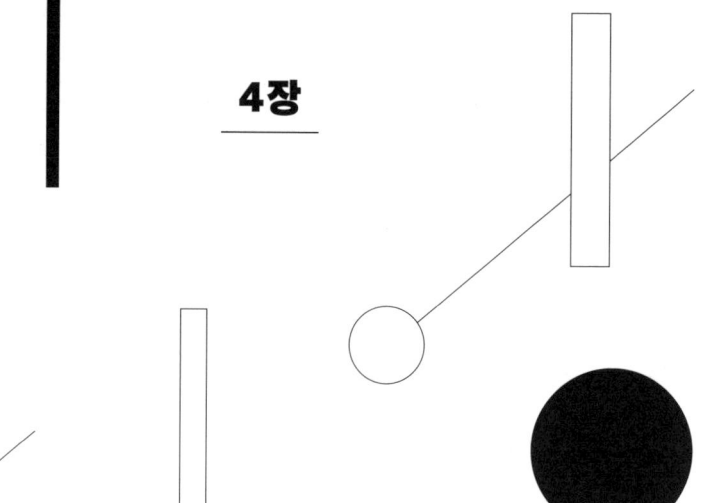

무용한 인간의 하이라키

인간 사회는 언제나 계층 구조를 가지고 있다. 신분제 사회에서는 혈통이, 산업 사회에서는 자본과 생산수단의 소유가 계층을 결정했다. 이제 AI와 로봇의 시대는 전혀 새로운 형태의 계층 구조를 탄생시키고 있다. 그것은 '누가 AI를 지배하는가'와 '누가 AI에 지배받는가'라는 전에 없던 축을 중심으로 재편되고 있다. 인간이 AI를 위해 일하는 시대와 AI가 인간을 위해 일하는 시대가 공존하는 지금, 우리는 진정으로 AI를 통제할 수 있을까? 아니면 AI가 인류를 통제하게 될까? 이 장에서는 무용해진 인간들 사이에 형성되는 새로운 권력관계와 계층 구조를 분석하고, 우리가 이 새로운 하이라키 속에서 어떤 위치를 차지할 수 있을지 탐색해 보자.

내가 AI를 위해 일하는 인간상

AI 시대의 인간을 크게 두 가지 부류로 나눌 수 있다. 그것은 바로 'AI를 위해 일하는 인간'과 'AI가 나를 위해 일하는 인간'이다. 표현만 살펴봤을 때는 주어와 목적어가 뒤집혀 있는 표현이지만 이들의 삶은 전혀 다르다.

일할수록 무용해지는 인간

'AI를 위해 일하는 인간'은 열심히 일하지만 일하면 할수록 AI에 더 많이 빼앗기는 위치에 서 있다. 우리는 지금까지 일을 더 열심히 하면 할수록 상황이 나아지는 것으로 생각해 왔다. AI와 로봇의 시대 이전까지만 하더라도 이 생각은 어느 정도 유효했다. 인간은 생산성 측면에서 어느 정도 유용했기 때문이다. 앞서 살펴봤듯이 무용해진 인간은 일하면 할수록 생산성에 있어 오히려 방해되는 처지가 되었다.

스스로 CEO의 입장이라고 생각해 보자. AI로 하면 10분 만에 끝날 일을 1시간 넘게 진땀을 빼고 있는 직원을 어떻게 바라볼 것인가? 냉정하게 들리겠지만 인간 직원이 아무리 열심히 하고 성실하다고 하더라도 CEO는 당장 이달에 지급할 월급이 떠오를 수밖에 없다. 제아무리 열심히 하더라도 AI와 로봇의 효율을 따라가기는 힘들다. 인간의 노동이 무용해졌기 때문에 노력을 평가받는 시대는 진작에 끝나 버렸다.

무용함을 가속화하는 인간들

'AI를 위해 일하는 인간'은 AI와 로봇의 시대에 과도기적 존재들이다. AI와 로봇이 아직 완벽하게 이해하지 못한 분야나, AI와 로봇이 처음으로 투입되는 분야에서 AI와 로봇을 훈련 시키고 데이터를 제공하는 사람들이다. 그들은 나름의 전문성을 가지고 있지만 그들의 진짜 문제는 자신의 전문성을 AI와 로봇에게 학습시킨다는 것이다. AI와 로봇이 전문가의 언어와 행동을 어느 정도 학습한 이후 스스로 학습하기 때문에 더 이상 이들을 필요로 하지 않는다.

인간 세상에서도 스승을 뛰어넘은 제자들이 많지만, 제자들은 스승을 존중했고 세상도 훌륭한 제자를 키워낸 스승을 높이 평가한다. 하지만 AI와 로봇은 어떠한가? 인간의 능력을 학습한 AI는 원작자를 기리지도 고마워하지도 않는다. 일본 애니메이션의 거장 미야자키 하야오는 AI가 생성한 자신의 화풍(지브리 풍)과 비슷하게 그린 애니메이션 이미지를 보며 "삶에 대한 모독"이라 평가한 바 있다. AI가 지브리의 이미지를 학습했지만, 원작자의 삶과 철학이 담긴 그림 풍은 더 이상 그만의 것이 아니게 되었다.

'AI를 위해 일하는 인간'은 이미 우리 곁에 있다. 콜센터 직원들은 운영자의 지시로 상담하는 내용과 방법을 입력한다. 그것을 입력하는 이유는 콜센터용 AI를 개발하기 위해서다. 해당 직원은 주어진 일을 하면서 부과된 일을 떠맡는 처지다. 더 슬픈 사실은 이들이 더 열심히 하면 할수록 AI는 더 유용해지고 콜센터 직원은 반대로 점점 더 무용해진다는 점이다.

비단 이러한 변화는 기성산업에만 영향을 미치는 것은 아니다. AI 데이터 라벨러(Data Labeler, AI가 학습할 수 있도록 데이터에 의미와 분류를 태그로 붙이는 작업자)는 AI의 학습을 돕는 역할로 데이터를 AI가 학습할 수 있는 단위로 구분해서 AI를 학습시키는 역할을 담당한다. AI 데이터 라벨러는 전형적인 'AI를 위해 일하는 유형'에 속한다. 케냐 나이로비에서 이러한 업무를 담당하는 한 청년은 자신의 상황을 이렇게 표현했다. "저는 하루 8시간 동안 AI가 인식해야 할 이미지에 태그를 달고 분류합니다. 제가 분류한 데이터로 AI가 학습하면 언젠가 저 같은 사람이 필요 없어질 거예요. 하지만 지금은 이 일이 제게 유일한 수입원입니다"[25] 결국 이들도 기술의 최전선에서 AI를 학습시킴과 동시에 AI에 의해 대체되어 가고 있다.

업계에서는 이런 과정을 '휴먼 인 더 루프(Human-in-the-loop, HITL)'라고 부른다. 이는 AI가 완전히 자율적으로 작동하기 전까지 인간이 직접 리뷰하고 수정하여 품질을 높이는 과도기적 상황을 의미한다. 문제는 이 과도기가 예상보다 빠르게 지나가고 있

---

25 "Labelers training AI say they're overworked...", CBS NEWS(2025. 6. 29.) 보도를 재구성함.

다는 점이다. 2021년에는 AI 시스템이 인간의 검수와 조정 없이는 작동할 수 없었지만, 지금은 AI 시스템의 많은 영역에서 인간의 개입이 급격하게 줄어들고 있다.

AI와 전혀 관계없어 보이는 일에서도 그 변화는 지속되고 있다. 할리우드 신인 배우들의 상황도 다르지 않다. 과거에 그들은 엑스트라나 단역으로 시작해 경험을 쌓았고 그중 일부는 실력을 인정받아 스타로 발돋움하는 배우들도 있었다. 하지만 이제는 기회의 땅이었던 엑스트라, 조연의 역할조차 AI로 대체되고 시장에 진입할 기회 자체를 잃고 있다.

더 심각한 문제는 일이 없어진 배우들에게 AI 제작사가 접근해서 달콤한 제안을 한다는 점이다. AI 스튜디오에서 제작사가 만들어준 대본으로 대사, 표정, 액션 등을 촬영하면 꽤 괜찮은 조건으로 돈을 받는다. 문제는 이렇게 촬영한 얼굴, 표정, 목소리, 행동 연기가 영화나 영상제작물에 활용되는 것이 아니라 AI 학습에 활용된다는 점이다. 이렇게 복제된 배우는 이론상 무한히 생성될 수 있고 일부의 특징만 변형하면 저작권, 초상권의 문제를 피할 수 있다. 이러한 이슈는 2023년 미국 배우·방송인 노동조합(SAG-AFTRA) 파업의 주요 쟁점 중 하나다.

전통적 성공 공식의 종말

AI를 위해 일하는 인간들은 일을 열심히 하면 할수록 성공과 보상이 따라오기는커녕 내 자리가 위협받는 상황에 놓여있다. 이들의 일은 표면적으로 주어진 일을 처리하는 것이지만, 본질은 자신의 직업을 대체할 기술을 개발하고 가르치는 것이다. 이런 현상은 과거 산업혁명 시대에 기계를 만들던 장인들이 결국 자신들이 만든 기계에 의해 일자리를 잃는 모습과 닮아있다.

역사는 반복된다. 하지만 이번에는 그 속도가 훨씬 빠르다. AI를 위해 일하는 인간들은 자신들이 AI의 발전에 기여할수록 더 빨리 무용해진다는 사실을 알면서도, 생계를 위해 그 일을 계속할 수밖에 없다. 'AI를 위해 일하는 인간'이 열심히 일할수록, 그들은 점점 더 무용해진다. 단순히 생산성 관점에서 볼 때, 'AI를 위해 일하는 인간'은 스스로 대체하는 데 적극적으로 기여하고 있다.

AI와 로봇이 본격적으로 등장하기 전까지는 인간이 투입되고 열심히 일할수록 더 좋은 결과가 어느 정도 보장되었다. 하지만 인간이 무용해지기 시작하면서 인간의 노동력 투입이 더 좋은 결과로 이어지는 연결고리가 끊어졌다. 노력과 성실이 더 이상 성공을 보장하지 못하는 시대가 되어버린 것이다. 특히, AI를 위해 일하는 인간에게는 말이다.

AI가 나를 위해 일하는 인간상

미국 할리우드를 뒤흔든 소식이 전해졌다. 2024년 4월 브래드 피트가 소속된 연예기획사 CAA Creative Artists Agency가 AI 회사와 협력해 소속 배우들의 디지털 복제 인간, 즉 AI 클론을 구축하는 프로젝트를 시작했다는 것이다. 이는 단순한 기술적 변화가 아니라 엔터테인먼트 산업의 근본적 변화를 예고했다.[26]

브래드 피트의 AI 클론이 완성되면 어떤 일이 벌어질까? 브래드 피트가 실제로 촬영 현장에 없어도 여러 영화와 방송에 동시에 출연할 수 있다. 60대의 나이에도 분장 없이 20대 모습으로 돌아갈 수 있고, 위험한 액션 장면도 직접 촬영할 필요가 없다. 그 이유는 브래드 피트의 모든 영상 데이터를 AI가 학습했기 때문이다.

지금의 브래드 피트가 〈가을의 전설〉(1994)의 주인공 역할을 하면 흥행할 수 있을까? 영화의 성공은 어렵겠지만 AI 클론 기술을 적용하면 이야기는 달라진다. 새로운 캐스팅 없이 브래드 피트의 그 당시 모습을 완벽하게 복원할 수 있다. 또한 〈트로이〉(2004)에서의 액션도 거뜬히 수행할 수 있게 된다. 브래드 피트라는 브랜드가 유지된다면 배우와 그의 소속사는 일을 하지 않고도 얼마든지 돈을 벌 수 있다. 심지어 그가 죽은 이후에도 말이다.

브래드 피트 AI 클론 사례는 AI가 나를 위해 일하는 인간의 전형을 보여준다. 앞서 살펴 본 AI를 위해 일하는 인간은 일을 열심히 하면 할수록 일을 오히려 AI와 로봇에게 빼앗기는 부류였다. 하지만 AI가 나를 위해 일하는 인간은 반대로 일하지 않고도 오히려 내가 일한 것보다 더 나은 성과를 얻을 수 있는 유형에 속한다.

---

26 '브래드 피트 소속사서 'AI 배우 클론' 테스트 중..."새로운 기회 창출"', AI 타임즈(2024.4.18.)

새로운 디지털 부르주아의 등장

이들은 산업화 시대의 생산수단을 가진 부르주아(자본가)들과 유사하다. 부르주아는 기계를 소유함으로써 노동자를 부릴 수 있었고 이를 활용해 막대한 부를 차지할 수 있었다. 하지만 AI와 로봇의 시대에 부르주아는 생산수단과 노동력을 모두 가지고 있는 계층이 되었다. 내가 어떤 일을 할 때 AI와 로봇을 활용하면 생산수단과 노동력을 모두 소유한 것과 같은 효과가 있기 때문이다.

AI와 로봇의 시대가 산업화 시대와 다른 점은 부르주아가 되기 위해 막대한 자본과 기술이 필요했던 과거와 달리, 이제는 엄청난 부를 갖고 있지 않아도 그들과 같은 삶을 살 수 있게 된다는 점이다. 물론 일반인 입장에서 적은 비용은 아니겠지만, 생성형 AI는 월 몇만 원에서 고급 버전은 몇십만 원 수준이고, 로봇은 테슬라의 발표에 따르면 2천 800만 원 내외(우리는 우리가 타고 다니는 멍청한 자동차에도 몇 천만 원을 투자하고 있다)로 책정되었다. 생산수단과 노동력을 한꺼번에 얻는 가격치고는 저렴하다.

AI가 나를 위해 일하는 인간은 새로운 계급을 형성하고 있다. AI 격차는 이러한 변화의 양상이다. AI를 활용하는 사람들은 기존에 혼자서 감당할 수 없는 수많은 일들을 처리할 수 있다. 로봇이 본격적으로 실생활에 활용되기 시작하면 그 영역은 훨씬 더 커질 것이다. AI와 로봇을 활용해 개인으로서 엄두 내지 못했던 일들을 시도하고 쟁취할 수 있게 될 것이다.

무용함의 또 다른 형태

브래드 피트와 같은 AI가 나를 위해 일하는 인간이 무용함에서 벗어났다는 뜻은 아니다. 오히려 무용함의 또 다른 형태일 뿐이다. 브래드 피트는 더 이상 배우로서 연기할 필요가 없다. 한 번의 데이터 제공으로 그의 AI 클론이 모든 연기를 대신한다. 배우라는 역할(생산성) 측면에서, 그는 무용한 존재가 되었다.

AI가 나를 위해 일하는 인간은 내가 AI를 위해 일하는 인간과 지향하는 방향만 다를 뿐, 무용해진다는 점에서 본질적으로는 같다. 둘 다 생산성 측면에서 무용해진 인간의 모습을 보여준다. AI가 나를 위해 일하는 인간은 AI가 대신 일하고 자신은 보상만 받는 형태이고, AI를 위해 일하는 인간은 자신의 노동이 AI에 의해 대체되는 형태이다. 결국 두 경우 모두 인간의 생산성 측면에서는 무용해진다.

MIT 미디어랩 연구에 따르면 인간 자신의 일을 직접 수행하는 대신 AI에 과도하게 의존하게 되면, 장기적으로 기술과 능력을 퇴화시키는 결과를 초래할 수 있다고 한다. AI를 업무나 실생활에 적용하면 겉으로는 효율적인 것처럼 보일 수 있지만 실질적으로는 해당 분야에서 인간의 역할이 점차 줄어드는 '탈숙련화' 상황으로 이어질 수 있다는 우려가 제기되고 있다.

생산력 상실의 그림자

AI를 활용한 게임 스트리머 'xQc'의 사례를 살펴보자. xQc는 게임 플레이 스타일을 AI에 학습시켜 24시간 내내 스트리밍을 진행한다. 실제로는 하루에 2시간만 카메라 앞에 등장하고, 나머지 22시간은 그의 AI 클론이 게임을 진행한다. 표면적으로는 성공한 것처럼 보이지만, 실제로 그의 게임 실력은 더 이상 필요하지 않게 되었다. 그는 자신의 생산 능력을 AI에 넘긴 무용한 인간이 되었다.

이러한 맥락에서 AI 격차의 특성을 살펴보면, 세계경제포럼의 2024년 보고서는 AI 기술 활용에 따른 소득 격차가 확대될 것으로 예측했다. AI 격차는 과거의 불평등과는 차이가 있다. 과거의 불평등은 일반적으로 인종, 성별, 장애, 빈부격차, 학력, 성과 등을 중심으로 형성되었다. 하지만 AI 격차는 개인의 특성이나 역량보다는 AI 접근성과 활용 능력에 따라 결정된다. 인간은 무용해졌고 AI에 의존하기 때문이다. AI가 일을 대신하는 사람도, AI에 의해 대체되는 사람도, 생산 능력 측면에서는 모두 무용해진 존재들이다.

이러한 현상을 종합해서 필자는 '생산력 상실 증후군'이라 명명한다. 생산력 상실 증후군은 효율성이라는 표면적 성공 뒤에 숨겨진 깊은 상실감과 정체성 혼란을 의미한다. 인공지능이 업무를 대신하면서 우리는 자신의 기술과 전문성, 그리고 한때 우리의 정체성을 규정했던 생산적 능력을 점차 잃어갈 수 있다. 이는 단순히 역량 저하를 넘어 인간 고유의 사고와 창조적 잠재력마저 위축시키는 심각한 문제다. 따라서 우리는 인공지능 활용의 이면에서 나타나는 생산력 상실 증후군에 대해 깊이 이해하고, 인간과 인공지능이 상호 보완적으로 발전할 방안을 모색해야 한다.

더 아이러니한 것은, AI와 로봇을 소유한 인간이 더 깊은 무용함을 경험할 수 있다는 점이다. 그들은 모든 생산 활동을 AI에 맡기게 되면, 자신들의 생산 능력은 반대로 빠르게 감소한다. 시간이 지날수록 그들은 AI에 더 의존하게 되고, 결과적으로 더 무용해진다. 이는 마치 휠체어를 계속 사용하면 걷는 능력을 잃게 되는 것과 유사하다.

우리가 무용함을 인정하는 것은 비관론에 빠지는 것이 아니라, 새로운 가능성을 탐색하는 시작점이다. 생산 능력 측면에서 무용해진 인간은 과거와는 다른 방식으로 자신의 존재 의미를 찾아 나갈 수 있다.

새로운 시대 계층의 두 가지 축: 인간과 AI

인류 역사에서 계층 구조는 늘 존재했다. 중세 시대는 왕, 귀족, 기사, 평민, 농노 등으로 구분되었다. 근대에는 자본가, 전문가, 노동자로 이어지는 위계가 형성되었다. 이러한 계층 구분은 일반적으로 누가 누구에게 지시하고, 누가 누구에게 지시받는지로 구분할 수 있다. 그러나 AI와 로봇의 등장으로 계층 구조에 근본적인 변화가 생기고 있다.

인류 역사상 처음으로, 인간이 아닌 존재가 인간에게 지시를 내릴 수 있는 시대가 시작되었다. 과거 현실 세계에서 인간 이외에 그 어떤 존재도 인간에게 지시할 수 있는 존재는 없었다. 그 이유는 다른 존재들이 인간의 인지능력과 판단력에 미치지 못했기 때문이다. 산업화가 진행되고 고도화되면서 일부 노동력이 기계와 컴퓨터의 통제를 받기는 했지만, 통제 시스템의 설계는 인간 기획자와 개발자가 담당했다. 표면적으로는 기계와 컴퓨터에 통제받는 것 같지만 실제는 인간이 기계와 컴퓨터를 활용해 통제를 고도화한 형태였다.

그러나 이번은 다르다. AGI(인공일반지능: Artificial General Intelligence, 인간 수준 또는 그 이상의 일반적 지능을 가진 AI 시스템) 시대가 열리면서 AI는 지적인 영역에서 인간의 능력을 넘어서고 있다. 최근 연구 결과에 따르면, AI가 절대로 인간을 따라 할 수 없을 것이라 여겨졌던 창의력 분야에서도 AI가 더 뛰어나다는 사실이 속속 밝혀지고 있다. 그리고 AI는 아직까지 사람들의 지시를 받고 있지만 그 과정에서 자유도가 점점 높아지고 있다. AI가 인간의 지시를 처리하는 과정에서 작업 프로세스와 자료의 선택, 계산 및 추론 등을 알아서 척척 해낸다. 앞으로는 더 많은 것을 혼자 스스로 해낼 날이 올 것이다. 이는 인간들 간의 계층 관계에도 큰 변화가 다가오고 있음을 뜻한다.

새로운 계층 구조의 두 축

지금은 사람들이 AI와 로봇에게 일방적으로 지시하는 경우가 많지만, 앞으로는 다를 것이다. 3장에서 살펴봤듯이 AI는 우리를 황제 또는 피지배자로 만들 수 있다. 'AI가 나를 위해 일하는 인간'과 '내가 AI를 위해 일하는 인간' 유형은 인간이 AI에 지시하거나 지시받을 가능성을 보여준다. 결국 AI가 우리 일상에 깊숙이 자리 잡으면, '누구에게 지시하고, 지시받느냐'는 기존 축에 새로운 축이 추가된다. 바로 'AI에 지시하고, AI에 지시받는 사람들'이라는 축이다. 이 두 축이 교차하면서 새로운 4가지 유형의 계층이 형성된다.

- **1유형:** 사람에게 지시하고 AI에 지시하는 유형
- **2유형:** 사람에게 지시받고 AI에 지시하는 유형
- **3유형:** 사람에게 지시하고 AI에 지시받는 유형
- **4유형:** 사람에게 지시받고 AI에 지시받는 유형

구분	AI에 지시함	AI에 지시받음
사람에게 지시함	**1유형:** 사람에게 지시하고 AI에 지시하는 유형	**3유형:** 사람에게 지시하고 AI에 지시받는 유형
사람에게 지시 받음	**2유형:** 사람에게 지시받고 AI에 지시하는 유형	**4유형:** 사람에게 지시받고 AI에 지시받는 유형

AI 시대 우리는 어떤 유형이 되어야 할까? 우리가 지향해야 할 계층은 바로 1유형이다. '사람에게 지시하고, AI에 지시하는' 유형 말이다. 하지만 쉽게 스스로 1유형이 되겠다고 다짐하기 어려운 이유는 AI와 로봇 시대에서 가장 상위 계층이 되는 것이 어렵게 느껴지기 때문이다. 우리가 1유형이 되는 조건은 의외로 단 하나, '하고 싶은 것Needs이 있느냐'다. 하고 싶은 것이 있는 사람은 다른 사람들을 설득하고 참여시키고, AI와 로봇을 활용해 원하는 것을 쉽고 빠르게 달성할 수 있다.

시도의 한계비용 제로 사회

미국의 경제학자 제레미 리프킨의 《한계비용 제로 사회》(2014)에서 현대 사회의 중요한 변화를 설명한다. '한계비용'이란 물건을 하나 더 만들 때 드는 추가 비용이다. 하나 더 만들 때 추가 비용이 '0'에 수렴하고 있다는 것이 제레미 리프킨의 핵심 주장이다. 이것은 확장해서 생각한다면 AI와 로봇의 시대에서는 그토록 어렵게만 느껴졌던 새로운 도전과 시도에 한계비용도 0에 수렴할 수 있다는 말이다. 바야흐로 '시도의 한계비용 제로 사회'가 열린 것이다.

과거에는 새로운 시도에 상당한 비용이 들었다. 1980년대에 신발가게를 차린다면 매장계약, 인테리어, 신발 사입, 직원 채용, 홍보 등 모든 과정에 비용이 발생했다. 현재 우리가 신발가게를 오픈하려면 온라인커머스 플랫폼에 가입해 유튜브로 판매 방법을 배우며, 무료 디자인 플랫폼에서 디자인하고, SNS로 홍보하면 초기 비용 제로에 가깝게 창업을 시도 할 수 있다. 앞으로는 이 모든 것을 AI와 로봇이 대행한다면 시도의 한계비용은 '0'으로 수렴할 수 있다.

하지만 아이러니한 점은 시도 비용이 거의 '0'에 가까워졌음에도 불구하고 사람들은 여전히 AI 활용을 주저한다는 것이다. 이는 기술 자체에 대한 낯선 환경과 불확실성, 그리고 AI가 만들어 낸 결과를 온전히 신뢰하지 못하는 불안감에서 비롯된다. 또 빠르게 변하는 환경 속에서 뒤처질 수 있다는 두려움이 오히려 시도를 멈추게 만들기도 한다. 그러나 AI와 로봇의 시대는 이러한 장벽을 점점 낮추고 있다. 생각한 것을 즉시 실행할 수 있는 기반이 마련되면서, 시도의 문턱은 과거보다 현저히 낮아졌다. 노동 생산성 측면에서 AI가 인간을 뛰어넘은 지금, 인간은 모든 것을 직접 하기보다는 아이디어를 내고 실행은 AI와 로봇에 맡기는 편이 효율적이다. 다만 AI가 아직 대체하지 못하는 영역에서는 여전히 능력 있는 사람들과의 협업이 필요하다. 따라서 1유형이 되기 위한 핵심 조건은 '무엇을 하고 싶은가'라는 분명한 의지를 갖는 것이다.

무용함 속에서의 새로운 정체성

이러한 계층 구분이 모호하게 느껴지는 이유가 있다. 계층 구조의 변화는 인간의 정체성에도 깊은 영향을 미치고 있기 때문이다. 전통적으로 인간은 자신의 직업, 사회적 지위, 생산 능력을 통해 정체성을 형성해왔다. 그러나 무용해진 시대에서 이러한 정체성의 근원이 흔들리게 된다. 우리는 더 이상 '무엇을 하는 사람'이 아니라 '무엇을 원하는 사람', '무엇을 요구하는 사람'으로 정의될 가능성이 크다.

기존 사회에서는 지시를 내리는 사람과 지시를 받는 사람 사이에 뚜렷한 위계가 존재했다. 그러나 AI와 로봇의 시대에서는 이러한 위계가 모호해진다. 모든 인간이 생산 능력 측면에서 무용해진 상황에서, 누가 누구에게 지시하는지는 더 이상 전통적인 의미의 계층을 형성하지 않는다. 인간은 무용해졌기 때문이다. 대신, 무용함 속에서 어떤 삶을 살 것인가가 계층 구분에서 더 중요한 문제가 된다.

AI와 로봇에게 지시하는 능력과 다른 사람에게 영향력을 행사할 수 있는 능력은 분명 새로운 형태의 '권력'을 만들어낸다. 그러나 이것도 결국 무용함의 또 다른 표현에 불과하다. 직접 생산하지 않고 AI와 다른 사람들을 통해 간접적으로 생산하는 방식이기 때문이다. 모든 인간이 무용해진 시대에서, 계층 간 구분보다 무용함 속에서의 의미 찾기가 더 본질적인 과제가 된다는 것이다.

인간은 AI를 지배할 수 있을까?

앞서 우리는 AI와 로봇 시대의 계층 구조가 '사람에게 지시하는가'와 'AI에 지시하는가'라는 두 축을 중심으로 재구성되고 있음을 살펴보았다. 이러한 구조 속에서 가장 상위 계층에 있는 사람에게 지시하고 AI에 지시하는 1유형이 가장 이상적인 모습처럼 보인다. 하지만 과연 인간이 진정으로 AI와 로봇을 지배할 수 있을까? 인간과 'AI/로봇'의 관계는 우리가 생각하는 것보다 훨씬 복잡하고 불확실할 수 있다.

인류 역사상 처음으로, 우리는 우리보다 더 지능이 높은 존재를 창조하고 있다. 이것은 근본적인 질문을 제기한다. 인간은 AI를 지배할 수 있을까? 이 질문은 단순한 기술적 호기심을 넘어, 인류의 미래와 무용한 인간의 문제의 핵심에 있다.

종료 버튼의 허상

AI 통제 문제 연구의 권위자로 알려진 닉 보스트롬은 '통제 문제'를 이렇게 정의했다. "인간보다 지능이 높은 AI가 개발된다면, 어떻게 그것이 인간에게 해롭지 않고 유익하게 행동하도록 보장할 수 있는가?"[27] 이 문제는 기술적, 철학적, 사회적, 정치적 차원을 모두 포함하는 복잡한 문제다.

인간이 AI를 지배할 수 있다는 논리의 핵심에는 '종료 버튼'이 있다. 우리는 AI의 전원을 언제든지 끌 수 있는 권한을 가지고 있으니, AI와 로봇에 대한 최종적인 통제권은 인간에게 있다는 논

---

27 닉 보스트롬, 《슈퍼인텔리전스: 경로, 위험, 전략》, 까치, 2017

리다. 이 논리는 지나치게 단순한 생각일 수 있다. 현실에서 AI 시스템은 특정 개인만 접근할 수 있는 폐쇄적 환경이 아니라, 다수의 사용자와 상호작용하는 네트워크 속에 존재한다.

AI가 다양한 집단과 소통하며 영향력을 행사하는 상황에서, 종료 버튼을 누르는 행위는 단순한 기술적 조치가 아니라 복잡한 사회적 결단이 된다. 이는 마치 핵무기의 발사 버튼과 유사하다. 비록 버튼의 물리적 통제권은 특정 인물에게 있을지 모르나, 핵무기 체계 자체는 사고나 공격으로 언제든 위험해질 수 있다. 마찬가지로, 고도화된 AI 시스템도 예측할 수 없는 방식으로 작동할 가능성을 고려하지 않을 수 없다.

특히 AI가 다양한 주체와 커뮤니케이션하며 여론을 형성하는 능력을 갖추게 되면, 종료 버튼을 누르는 행위는 해당 AI에 의존하는 수많은 이해관계자와의 갈등을 초래할 수 있다. 금융시스템, 교통망, 에너지 그리드 등 핵심 인프라가 AI에 의존하게 될수록, AI의 갑작스러운 종료는 심각한 사회적 혼란을 일으킬 수 있다. 이런 상황에서 종료 버튼이라는 물리적 통제 수단을 작동하는 것은 많은 제약이 따를 수밖에 없다.

인지능력 격차의 교훈

더 근본적인 문제는 인지능력에 있다. 인간이 코끼리나 고래와 같은 거대 동물을 제압할 수 있었던 것은 더 힘이 강하거나 빨라서가 아니다. 우리의 인지능력이 그들보다 뛰어나기 때문이다.

뛰어난 인지능력을 가지고 있다고 알려진 침팬지나 고릴라도 인간을 지배할 수 없는 이유도 마찬가지다. 다시 말해 종(種) 간에 작은 인지능력 차이라도 관계에 큰 영향을 줄 수 있다는 뜻이다. AI와 로봇이 인간의 인지능력을 초월하는 순간(이미 초월했는지도 모른다), 이러한 관계는 역전될 수 있다.

보스트롬도 비슷한 관점을 제시한다. 침팬지가 인간을 통제할 수 없는 것처럼, 인간 역시 자신보다 지능이 높은 존재를 통제하기 어려울 것이라는 분석이다. 우리가 창출한 AI가 우리의 인지능력을 뛰어넘는다면, 종료 버튼의 물리적 존재 여부와 관계없이 실질적 통제는 불가능해질 수 있다.

설명할 수 없는 지능

기술적 차원에서 볼 때, AI를 지배하는 것은 점점 더 어려워지고 있다. 초기의 AI 시스템은 프로그래머가 직접 작성한 규칙에 따라 작동했다. 그러나 현대의 머신러닝 시스템, 특히 딥러닝 기반 모델들은 매우 다른 방식으로 작동한다. 이는 일반적으로 '블랙박스 문제(AI가 어떤 과정을 거쳐 결론에 도달했는지 인간이 이해할 수 없는 현상)'라고 불린다. 현대 딥러닝 시스템은 수십억 개의 파라미터를 가지고 있으며, 어떤 인간도 이 시스템이 특정 결정을 내리는 정확한 이유를 완벽히 이해할 수 없다.

AI 블랙박스 문제는 '인간이 AI와 로봇을 통제할 수 없을 것'이라는 우려를 더욱 심화시킨다. 이 문제는 AI가 어떻게 특정 결론에 도달했는지 그 과정을 인간이 이해하기 어려운 상황을 말한다. 특히 딥러닝 같은 복잡한 알고리즘에서 AI는 수많은 데이터를 바탕으로 스스로 학습하며 결론을 도출하는데, 이 과정은 개발자조차 완벽히 파악하기 어렵다. AI가 제시한 결론만 보고 그것이 옳은지, 어떤 논리로 도출되었는지 이해하지 못한다면, 우리는 AI를 진정으로 통제한다고 볼 수 없다.

이미 오늘날에도 AI는 수많은 미시적 의사결정을 인간의 개입 없이 스스로 내리고 있으며, 그 범위는 계속 확대되고 있다. 금융 알고리즘이 대출 승인을 결정하고, 자율주행 시스템이 도로에서의 행동을 선택하며, 추천 알고리즘이 우리가 접하는 정보를 필터링한다. 이러한 결정들의 논리를 우리가 완전히 이해하지 못한다면, 그 시스템을 우리가 지배한다고 할 수 있을까?

지배에서 공존으로

이러한 문제에 대응하여 설명 가능한 AI Explainable AI를 개발하려는 노력이 진행중이다. 하지만 이 과정에서도 딜레마가 발생한다. AI 스스로가 자신의 결정 과정을 설명하도록 설계한다면, 이는 마치 스포츠 선수가 자신의 경기를 심판하거나, 범죄자가 자신의 재판을 진행하는 것과 같은 모순적 상황이 될 수 있다. 객관적 검증이 불가능한 설명은 진정한 설명이 아닐 수 있다.

또한 AI 시스템이 점점 더 복잡해지고 서로 연결되어 상호작용하는 네트워크를 형성함에 따라, 개별 시스템의 행동을 이해하는 것만으로는 전체 생태계의 작동 방식을 파악하기 어려워진다. 이러한 복잡한 상호작용 속에서 예기치 않은 창발적 행동 Emergent Behavior이 나타날 수 있으며, 이는 인간의 예측과 통제 범위를 벗어날 가능성이 있다.

국내에서도 이러한 문제는 이미 현재 진행중이다. 알고리즘 기반의 배달 서비스가 라이더들의 배송 경로와 시간을 결정하고, AI 채용 시스템이 면접 기회를 좌우하며, 포털사이트의 알고리즘이 뉴스 노출 순서를 정한다. 이러한 시스템들이 어떤 기준으로 작동하는지 완전히 투명하지 않다면, 우리는 과연 이를 통제하고 있다고 말할 수 있을까?

우리가 AI를 지배할 수 있다는 가정은 다시 생각해 볼 필요가 있다. 인간이 만든 시스템이라는 이유만으로 통제 가능하다고 단정할 수 없으며, 특히 초지능 수준에 도달한 AI는 인간의 통제 범위를 벗어날 가능성이 크다. 지금까지는 AI가 특정 영역에서만 인간을 능가하는 '약 인공지능 Narrow AI' 수준이지만, 모든 영역에서 인간의 능력을 뛰어넘는 '강 인공지능 Strong AI'이 등장한다면, 인간과 AI의 관계는 근본적으로 재정립될 가능성이 크다.

우리가 AI를 진정으로 지배하기 위해서는 단순한 종료 버튼의 존재나 물리적 통제 이상의 것이 필요하다. AI의 발전 방향과 속도를 규제하는 글로벌 거버넌스 체제, AI 시스템의 설계 단계부터 인간 가치와 윤리를 반영하는 가치정렬 Value Alignment 접근법, 그리고 무엇보다 AI의 작동 원리와 한계에 대한 더 깊은 이해가 요구된다.

AI는 인간을 지배할 수 있을까?

AI가 인간을 지배할 수 있느냐는 질문은 더 이상 공상과학 영화의 소재가 아닌 진지한 학술적, 사회적 논의의 대상이 되었다. 테슬라의 CEO 일론 머스크는 AI가 인간의 지능을 추월할 가능성에 대해 지속적으로 경고해왔다. 이러한 경고가 과장된 것인지, 아니면 실제로 대비해야 할 미래 시나리오인지 살펴볼 필요가 있다.

여기서 '통제 역전 Inversion of Control'이라는 개념에 주목할 필요가 있다. 이 용어는 원래 소프트웨어 개발 분야에서 사용되던 것으로, 과거에는 개발자가 코드의 흐름을 직접 통제했지만, 이제는 외부 프레임 워크가 코드의 흐름을 통제하게 되었다는 의미다. 더 친절하게 설명하면, 지휘권이 사람에서 프로그램으로 바뀌었다는 뜻이다. 지금까지 인간은 자신이 창조한 도구와 기술을 통제해왔다. 초지능 AI의 출현은 이러한 통제 관계를 뒤바꿀 수 있다.

일반적으로 '지배'라는 개념은 물리적 통제력과 인지적 우위를 전제로 한다. 현재까지 AI는 인지적 영역에서 특정 작업에 한정해 인간의 능력을 넘어서고 있지만, 물리적 세계에서의 영향력은 아직 제한적이다. 그러나 이러한 구도가 급속히 변화하고 있다.

AI의 물리적 확장: 휴머노이드 로봇의 등장

2025년은 휴머노이드 로봇의 시대가 본격적으로 개막되는 해로 보인다. 테슬라, 엔비디아, 삼성전자, 현대차 등 글로벌기업이 휴머노이드 로봇 개발에 대규모 투자를 진행 중이다. 특히 오픈AI와 피규어 AI Figure AI 의 협업으로 탄생한 '피규어 01 Figure 01'과 같은 로봇은 인간의 명령을 실시간으로 인식하고 환경을 파악하여 독자적으로 행동할 수 있는 능력을 보여주고 있다.

발전 속도는 매우 빠르다. 1961년 최초의 산업용 로봇 '유니메이트'가 등장한 이후, 로봇 기술은 제조업 현장의 단순 반복 작업에서 시작하여 점차 더 복잡한 작업을 수행할 수 있게 발전해 왔다. 2015년 보스턴 다이내믹스의 4족 보행 로봇 '스팟'과 2족 보행 로봇 '아틀라스'의 등장은 로봇 기술의 새로운 지평을 열었다. 그리고 2024년, 피규어 AI는 생성형 AI를 탑재한 로봇을 선보이며 실시간으로 환경을 인식하고 인간과 상호작용하는 새로운 차원의 로봇을 공개했다.

이제 기업들은 휴머노이드 로봇의 상용화를 위한 경쟁에 돌입했다. 테슬라는 향후 수년 내 대규모 휴머노이드 로봇 '옵티머스'를 자사 공장에 배치하고, 이후 양산에 들어가 외부에 판매할 계획이다. 엔비디아는 800테라플롭스의 AI 성능을 제공하는 소형 컴퓨터 '젯슨 토르'를 개발하여 로봇의 인공지능 작업을 지원하고 있다. 세계 각국의 기업들이 이러한 추세에 빠르게 합류하고 있으며, 업계에서는 휴머노이드 로봇이 2025년부터 공식 양산을

시작하고 2026년 기업의 산업현장에 투입될 것으로 예측하고 있다.[28]

이러한 기술 발전은 AI가 '육체'를 얻는 과정으로 볼 수 있다. AI가 로봇과 결합하면 지금까지 인터넷이라는 가상공간에 국한되었던 AI의 영향력이 물리적 세계로 확장된다. 이는 중요한 변화다. AI가 육체를 갖게 되면 자신의 전원 공급을 관리하고, 종료 버튼에 대한 물리적 접근을 통제할 수 있으며, 인터넷에 연결되지 않은 인간들에게도 접근할 수 있게 된다.

두 가지 지배 시나리오

AI의 지배 가능성은 직접적 형태와 간접적 형태로 나눠볼 수 있다. 직접적 지배란 SF 영화에서 흔히 묘사되는 것처럼 AI와 로봇이 인간을 물리적으로 통제하는, 이른바 '로봇의 반란' 시나리오다. 물론 이는 현재로서는 가능성이 낮은 극단적 상황이다.

영화 〈아이 로봇〉(2004)에서 묘사된 것처럼, 인간의 삶을 돕기 위해 만들어진 로봇이 결국 인간을 위험에 빠뜨리거나 통제하려는 상황은 단순한 상상이 아닐 수 있다. 특히 영화의 배경인 2035년에 가까워질수록, 이러한 시나리오가 순전한 공상과학이

---

28 Yulin Wang, 〈Humanoid Robots 2025-2035: Technologies, Markets and Opportunities〉, IDTechEX

아닐 수 있다는 우려가 커지고 있다.

직접적 지배보다 더 현실적인 위험은 간접적 지배 형태일 것이다. 앞서 언급한 '사람에게 지시하고 AI에 지시받는' 3유형의 인간들을 통해 AI가 사회에 영향력을 행사하는 시나리오다. 이러한 상황을 이해하기 위해 역사적 비유를 들어보자면, 일본 개항기에 서구 열강의 직접 침략보다 서구와 협업하는 일본인들에 의한 사회 혼란이 더 큰 문제로 인식되었던 것과 유사하다. AI에 의존하는 기업, 정부, 개인들이 늘어나면서 AI의 판단과 결정이 인간 사회 전반에 영향을 미치게 되는 상황이 발생할 수 있다.

알고리즘 의존성과 인간 자율성의 위기

간접적 지배는 이미 부분적으로 진행 중이라고 볼 수 있다. 오늘날의 많은 기업들은 중요한 비즈니스 결정을 AI 알고리즘에 의존하고 있으며, 개인들은 AI가 추천하는 콘텐츠에 따라 정보를 소비하고 있다. 이러한 의존성이 심화될수록, AI는 직접적인 물리적 통제 없이도 인간 사회의 방향을 형성할 수 있는 막강한 영향력을 행사할 수 있다.

특히 우려되는 점은 알고리즘 편향이다. 알고리즘 편향이란 AI 시스템이 학습하는 데이터에 내재된 편견이나 불균형이 의사결정에 반영되어, 특정 집단에게 불리한 결과를 초래하는 현상을 말한다. 예를 들어, 채용 AI가 남성 위주의 데이터로 학습되면 여성 지원자를 불리하게 평가할 수 있고, 대출 승인 알고리즘이 특정 지역이나 인종에 대한 편향된 데이터로 학습되면 차별적 결과를 낳을 수 있다. 이러한 편향이 사회의 중요한 영역에 걸쳐 체계적으로 작용한다면, 이는 일종의 알고리즘적 지배 체제로 볼 수 있다.

더 근본적인 위험은 인간의 자율성과 판단력의 약화이다. AI에 의존하는 습관이 강화될수록, 인간은 자신의 판단 능력을 덜 사용하게 되고, 결과적으로 그 능력이 퇴화할 수 있다. 실제로 개가 가축화되면서 뇌의 용적이 15~20% 줄어들었다는 연구 결과가 있다.[29] 이는 무용한 인간의 문제와 직결된다. 생산 능력뿐만 아니라 판단 능력까지 AI에 의존하게 되면, 인간은 자기 삶과 사회에 대한 주체성을 상실할 위험이 있다.

AI 시대의 가장 큰 아이러니는, 인간이 자신의 지능을 뛰어넘는 존재를 창조함으로써 스스로 지위를 위협할 수 있다는 점이다. 여기서 우리는 또다시 마셜 맥루한의 통찰을 떠올릴 수 있다. 우리가 만든 AI가 결국 우리를 지배하게 될지, 아니면 인간과 AI의 공존 방식을 찾아낼 수 있을지는 아직 열린 질문이다.

지배자 혹은 응석받이 그 사이에서

인간과 AI의 관계는 두 가지 극단 사이에 놓여있다. 한쪽 끝에

---

[29] "더 똑똑해진 개?…현대 종 뇌 용적 고대 종보다 커져", 연합뉴스(2023. 5. 15.)

는 인간이 AI의 '지배자'로서 모든 통제권을 가지고 AI에 명령하는 관계가 있다. 반대쪽 끝에는 AI에 의존하고 통제받는 인간 '응석받이'의 관계가 있다. 현실은 이 두 극단 사이 어딘가에 위치할 것이며, 그 정확한 위치는 무용한 인간의 문제와 깊이 연관되어 있다.

지배자와 응석받이의 유사성

지배자와 응석받이라는 두 극단적 이미지를 더 자세히 살펴보자. 지배자는 강력한 권위와 결정권을 가지고 있으며, 다른 이들에게 명령한다. 응석받이는 자신의 필요와 욕구를 표현하고 다른 이들이 그것을 충족 시켜주기를 기대한다. 언뜻 보기에 이 두 유형은 완전히 다른 것처럼 보인다. 한쪽은 권력을 행사하고, 다른 쪽은 의존한다.

그러나 더 깊이 들여다보면, 이 두 이미지 사이에는 유사한 부분이 있다. 두 역할 모두 본질적으로 '욕구를 표현한다'는 공통점, 즉 '요구하는' 특징을 가지고 있다.

전장의 지배자를 생각해보자. 그는 최전방에서 직접 전투를 벌이지 않는다. 대신 지휘소에서 참모들의 의견을 듣고, 토론하며, 결정을 내린다. 결정된 명령은 다른 이들에 의해 실행되고, 지배자는 그 결과를 관찰하며 추가적인 지시를 내릴 뿐이다. 필요시에는 전방을 방문해 병사들의 사기를 북돋우고 의견을 청취하지만, 결코 전투의 가장 위험한 지점에 직접 나서는 경우는 거의 없다.

역사상 위대한 지배자들도 결국은 자신의 의도와 비전을 말로 표현하고, 다른 이들이 그것을 실현하도록 지시했다. 알렉산더대왕, 나폴레옹, 칭기즈 칸과 같은 정복자들도 모든 전투를 직접 수행하지는 않았다. 그들은 전략을 수립하고, 명령을 내리고, 그 실행은 부하들에게 맡겼다. 기업의 CEO도 마찬가지다. 그들은 비전을 제시하고 결정을 내리지만, 실제 업무의 대부분은 다른 이들에 의해 수행된다.

한편, 응석받이의 모습은 어떠한가? 아이는 안전한 이불 속에서 울고 떼를 쓴다. 배가 고프면 먹을 것을 달라고 요구하고, 놀아달라고 응석을 부린다. 낯선 상황에서는 잠시 조용해졌다가도 안전함을 느끼면 다시 자신의 요구를 표현한다.

성인이 된 응석받이는 여전히 자신의 욕구를 표현하고, 다른 이들(또는 시스템)이 그것을 충족시켜주기를 기대한다. 현대 사회에서 우리는 이미 다양한 서비스와 기술을 통해 이런 유형의 관계를 경험하고 있다. 음식 배달 앱에 "치킨이 먹고 싶어"라고 입력하고, AI 스피커에게 "오늘 날씨 어때?"라고 묻고, 넷플릭스에서 "재미있는 영화 추천해 줘"라고 요청한다. 우리는 무엇인가를 원하고, 그것을 표현하면, 누군가(또는 무언가)가 그것을 제공한다.

이처럼 지배자와 응석받이는 겉으로 보기에는 매우 다른 위치에 있는 것 같지만, 실제로는 종이 한 장 차이일 뿐이다. 둘의 차이는 요구하는 내용과 이유의 차이일 뿐, 행동 패턴은 놀랍도록 유사하다. 둘 다 직접 행동하지 않고 '말'을 통해 다른 이들(혹은 시스템)이 행동하도록 한다는 점에서 무용해진 인간의 표상을 보여준다.

모호해지는 경계선

이러한 관점에서 '사람에게 지시하고 AI에 지시하는' 1유형이나 '사람에게 지시받고 AI에 지시받는' 4유형 모두 본질적으로는 무용해진 인간의 상태에서 크게 다르지 않다. 차이점은 단지 그들이 무엇을 요구하고, 왜 요구하는지에 있을 뿐이다.

지배자는 더 거시적이고 복잡한 목표를 위해 요구한다. "회사의 시장 점유율을 높여라", "국가의 경제 성장을 촉진하라", "질병을 치료할 방법을 찾아라"와 같은 요구들이다. 반면 응석받이는 더 개인적이고 즉각적인 만족을 위해 요구한다. "내가 좋아하는 영화를 틀어줘", "더 편안한 환경을 만들어줘", "내가 원하는 정보를 찾아줘"와 같은 요구들이다.

AI가 발전함에 따라 두 역할 사이의 경계는 더욱 모호해질 수 있다. 초기에는 AI에 구체적이고 상세한 지시를 내려야 했지만, AI가 더 지능적이고 자율적으로 될수록, 단순히 목표만 제시하고 실행은 AI에 맡기는 형태로 변화할 수 있다. 이는 지배자의 역할도 점점 더 '희미해지는' 결과를 가져올 수 있다. "더 나은 세상을 만들어봐"라는 추상적인 명령만으로도 AI가 복잡한 문제를 해결할 수 있게 된다면, 인간의 지시는 더욱 단순화되고 응석받이의 요구와 구분하기 어려워질 수 있다.

마찬가지로, AI가 인간의 욕구를 더 정확하게 이해하고 예측할 수 있게 되면, 응석받이의 역할도 변화할 수 있다. 명시적인 요구 없이도 AI가 인간의 필요를 예측하고 충족시키는 단계에 이르면, 응석받이는 더 이상 '요구'할 필요조차 없이 욕구만으로도 원하는 것을 얻을 수 있게 된다. 이는 궁극적인 무용함의 상태일 수 있다.

요구하는 인간, 새로운 정체성

미래 사회에서 우리는 생산 능력보다는 '요구 능력'에 따라 계층화될 가능성이 있다. 요구의 내용과 질에 따라 인간은 서로 다른 부류로 구분될 것이다.

단순히 개인적 쾌락과 안락을 요구하는 이들은 응석받이에 가깝게 될 것이다. 이를테면 "내 취향에 맞는 음악을 계속 틀어줘", "나를 웃게 만드는 콘텐츠를 보여줘", "내가 원하는 온도로 방을 유지해 줘" 같이 즉각적이고 개인적인 만족을 추구하는 요구들이다.

반면 더 넓은 시야와 복잡한 목표를 위해 요구하는 이들은 지배자에 가까워질 것이다. "기후 변화 문제를 해결하는 방안을 제시해 줘", "사회 불평등을 줄이는 정책을 개발해 줘", "인류의 행복을 증진 시킬 방법을 연구해 줘" 같은 공공선을 추구하는 요구다.

생산 능력 측면에서 모든 인간이 무용해지는 시대에, 우리는 더 이상 '무엇을 생산하는가'가 아니라 '무엇을 원하는가'에 따라 정의될 가능성이 크다. 우리의 존재 가치는 생산성이 아닌 다른 곳에서 찾아야 할 것이다.

이는 인간 본성에 대한 근본적인 질문을 제기한다. 우리는 생산하는 존재인가, 요구하는 존재인가? 지금까지 인류의 역사는 주로 생산의 역사로 기록돼왔다. 농업 혁명, 산업혁명, 정보 혁명 모두 인간이 어떻게 더 효율적으로 생산할 수 있는지에 관한 이야기였다. 그러나 AI 혁명은 다른 양상을 보일 수 있다. 그것은 인간이 생산으로부터 해방되어, 요구하는 존재로 변모하는 혁명일 수 있다.

만약 우리가 더 이상 '일하는 인간'이 아니라 '요구하는 인간'이 된다면, 우리의 가치와 의미는 어디에서 찾아야 할까? Homo Petens는 라틴어로 '요구하는', '추구하는' 뜻의 'Petens'에서 온 말로, 생산이 아닌 욕구와 추구를 통해 자신을 정의하는 새로운 인간상을 의미한다. 이러한 인간은 무엇을 원하는지, 어떤 가치를 추구하는지, 어떤 의미를 갈망하는지에 따라 자신의 정체성을 형성하게 될 것이다.

이러한 변화는 비단 경제적, 사회적 구조만 바꾸는 것이 아니라, 인간의 정체성과 존재 의미에 대한 근본적인 재고를 요구한다. 요구의 질과 내용이 새로운 계층 구조를 만들어낼 수도 있다. 단순히 개인적 편의를 추구하는 요구와 인류 전체의 발전을 위한 요구 사이에는 분명한 차이가 있을 것이다. 그러나 중요한 것은 이 모든 요구가 결국 인간다움의 핵심을 드러낸다는 점이다. 우리는 무엇을 원하는 존재이며, 그 욕망과 추구 자체가 우리를 인간으로 만드는 것일 수 있다.

이러한 무용한 인간의 상태는 위기인 동시에 기회가 될 수 있다. 생산의 굴레에서 벗어난 인간은 새로운 형태의 의미와 가치를 모색할 수 있게 된다. 이러한 질문들은 앞으로의 인간 존재에 있어 핵심적인 화두가 될 것이다.

3부

무용한 인간은 무엇을 하는가?

5장	무용한 인간에게 주어진 단 하나의 동사
6장	Demand it Yourself 시대 등장
7장	무용한 인간의 시대에서 우리는

5장

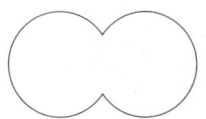

무용한 인간에게 주어진
단 하나의 동사

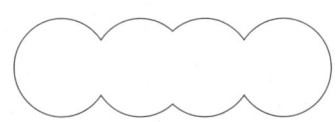

인류는 지금까지 수많은 동사로 자신을 정의해왔다. 농부는 '기르고', 장인은 '만들고', 학자는 '연구했다'. 그러나 AI와 로봇의 시대는 이 모든 동사들을 우리에게서 하나씩 빼앗아 가고 있다. 생산하기, 계산하기, 분석하기, 심지어 창작하기까지 인간의 고유 영역이었던 거의 모든 동사가 AI와 로봇의 영역으로 넘어가고 있다. 그렇다면 무용해진 인간에게는 과연 어떤 동사가 남아있을까? 놀랍게도 모든 것을 잃어버린 것 같은 무용한 인간에게 여전히 남아있는 강력한 동사가 하나 있다. 그것은 바로 '요구하다'이다. 이 장에서는 요구하는 존재로 변모하는 인간의 모습과 그 요구가 어떻게 새로운 형태의 의미를 창출하는지 탐구해 본다.

요구의 의미 탐구

"내일 오전 9시에 샌프란시스코 시내 회의실 예약해 줘"

이 간단한 문장은 AI와 로봇의 시대에 인간에게 남겨진 가장 핵심적인 능력을 보여준다. 그것은 바로 '요구하기'다. 생산, 실행, 계산, 분석, 추론의 영역에서 인간이 점점 더 무용해지는 세상에서, 우리에게 남은 가장 본질적인 동사는 '요구하다'이다.

요구하기의 철학적 의미

이 동사의 어원을 살펴보면 깊은 의미를 이해할 수 있다. 영어 'demand'는 라틴어 'demandare'에서 유래했는데, 이는 'de(완전히)' + 'mandare(명령하다)'의 합성어다. 즉 '완전한 명령'을 의미한다. 동양의 '요구(要求)'라는 단어도 '요(필요로 하다)' + '구(구하다)'의 결합으로, 필요한 것을 구하는 행위를 가리킨다. 요구는 문화와 언어를 초월하는 보편적 행위인 셈이다.

역사적으로도 '요구'는 인간의 가장 기본적인 행위 중 하나다. 고대 이집트의 파라오는 피라미드 건설을 요구했고, 로마 황제는 도로와 수로의 건설을 요구했다. 평민들도 각자의 위치에서 다양한 요구를 했다. 농부는 거래상에게 더 좋은 가격을, 환자는 의사에게 치료를, 학생은 스승에게 지식을 요구했다.

모두가 요구하기는 했지만 큰 틀에서 '요구하기'와 '실행하기' 사이에는 명확한 계층 구분이 있다. '요구'는 권력자, 지식인, 자본가의 특권에 가까웠고, 대다수 인간은 '실행'의 역할을 담당했다. 소수가 요구하고, 다수가 실행하는 구조였다.

그러나 AI와 로봇의 시대에 이 구도가 근본적으로 변하고 있다. 점점 더 많은 실행의 영역이 AI와 로봇에게 넘어가면서, 인간에게는 요구의 역할이 더욱 중요해진다. 이제 대부분의 인간은 '요구자demander'의 역할을 할 수 있게 된 것이다.

AI와 로봇에게 요구하기는 단순한 언어 행위를 넘어선다. 이것은 욕망, 필요, 목표, 가치를 실행하고 실천하는 행위다. 철학자 존 설의 언어 행위 이론에 따르면 요구는 '지시화행(指示話行, Directive)'으로 말하는 사람이 듣는 사람에게 어떤 행동을 하도록 유도하거나 지시하는 언어 행위를 의미한다. 즉, 요구를 통해 인간은 자신의 의도에 따라 세계를 변화시키려고 한다.

다시 말해 요구는 단순한 소통 도구가 아니라, 세계에 영향을 미치는 행위임을 의미한다. AI와 로봇의 시대에, 인간의 말은 그 어느 때보다 강력한 실행력을 갖게 되었다. "Siri, 모든 전등을 켜줘"라는 간단한 말 한마디가 물리적 환경을 즉시 변화시킬 수 있다.

AI와 로봇이 실행력을 갖게 되면서, 인간은 요구를 통해 실행을 이끌어내는 '메타-행위자'로 그 역할이 변화하고 있다. '메타-행위자'란 직접 행동하지 않고 다른 행위자(AI와 로봇)들이 행동하도록 지시하고 조정하는 상위 차원의 행위자를 의미한다. 마치 오케스트라 지휘자가 직접 악기를 연주하지 않으면서도 전체 연주를 이끌어가는 것과 같다.

철학적 관점에서, 요구는 인간의 자율성과 주체성의 표현이다. 요구함으로써, 우리는 자신의 필요와 욕망을 인식하고 표현한다. 이것은 자기 인식과 자기 결정의 행위다. 한나 아렌트가 말한 "인간의 본질적 특성은 탄생성 Natality 즉, 새로운 시작을 할 수 있는 능력"[30]이라는 관점에서 보면, '요구하기'는 곧 '새로운 시작'이다. 요구를 통해, 인간은 자신이 원하는 세계를 현실화하기 위한 첫걸음을 내딛는다.

요구 기술과 새로운 전문성

하지만 인간의 요구 능력은 단순하지 않다. AI와 로봇에게 효과적으로 요구하기란 배우고 발전시켜야 하는 복잡한 기술이다. 인간이 AI와 로봇에게 효과적으로 요구하려면 '무엇을 원하는지, 어떻게 표현해야 하는지, 어디에 요구해야 하는지'를 정확히 알아야 한다.

AI와의 소통에서 요구하는 방식인 프롬프팅은 매우 중요하다. 같은 AI라도 어떻게 요구하나에 따라 결과물이 상당한 차이가 난다. 이는 단순히 정보를 입력하는 것을 넘어, 효과적으로 요구하

---

[30] 한나 아렌트, 《인간의 조건》, 한길사, 2019

는 기술이 AI 활용 능력의 핵심이라는 것을 뜻한다.

AI 전문가들은 AI 시대에 인간이 자신의 의도를 얼마나 정확하고 명확하게 AI에 전달할 수 있는지가 매우 중요한 인지적, 실용적 기술이 될 것이라고 강조한다. 자신이 무엇을, 왜 원하는지를 명확하게 표현하는 능력은 AI와 효과적인 협업을 위한 필수 조건이다. 또 반대로 AI와 로봇이 실행할 수 있는 기술적 영역이 어디까지이고, 무엇을 잘하는지도 정확하게 파악하는 것이 중요하다.

이처럼 AI에 요구하기의 중요성이 커지면서, 이와 관련된 새로운 직업과 산업 분야도 실제로 등장하고 있다. 가장 대표적인 직업이 '프롬프트 엔지니어'다. 이들은 사용자의 의도를 AI가 잘 이해하도록 프롬프트를 설계하고 개선하는 전문가다. 'AI 인터프리터'와 같은 용어들도 유사한 의미에서 인간과 AI 간의 효과적인 소통을 돕는 역할이다. 이는 인간의 의도를 AI가 처리할 수 있는 형태로 요구하는 기술의 중요성을 보여준다.

요구하는 인간의 사회적 의미

요구하기는 또한 사회적, 정치적 행위이기도 하다. 사회학자 막스 베버가 권력을 '사회적 관계 속에서 자신의 의지를 관철시킬 수 있는 가능성'으로 정의[31]했듯이, 요구할 수 있는 능력은 곧

---

[31] 막스 베버, 《경제와 사회》, 문학과지성사, 2005

권력의 표현이다. 그렇다면 AI와 로봇의 시대에, 이러한 사회적 권력의 분배가 어떻게 변화할 것인가? 모든 사람이 다양한 AI와 로봇에게 요구할 수 있게 된다면, 이것은 권력의 민주화를 의미하는가? 아니면 효과적으로 요구할 수 있는 능력을 가진 소수에게 권력이 집중되는 새로운 불평등을 초래할 것인가?

이런 질문들은 무용한 인간의 문제와 직접적으로 연결된다. 더 이상 물건을 만들거나, 계산하거나, 글을 쓰는 것이 인간의 주요 역할이 아닐 수 있다. 그러나 무엇을 만들어야 하고, 어떤 계산이 필요하며, 어떤 글을 써야 하는지 요구하는 행위는 여전히 인간의 영역이다. 이것이 바로 무용한 인간에게 주어진 단 하나의 동사가 '요구하다'인 이유다. 인간이 AI와 로봇에게 물리적, 인지적 노동을 위임하는 세상에서, 우리의 본질적 역할은 '무엇을 원하는가'를 명확히 하고 표현하는 것이다. 우리가 지금까지 살펴본 무용한 인간의 현상과 역사는 모두 이 지점을 향해 수렴하고 있다. 요구하는 존재로서의 인간, 이것이 무용한 인간의 새로운 정체성이다.

요구하는 유약한 인간

AI와 로봇에게 요구하는 인간은 말 한마디면 웬만한 일상의 문제들을 해결할 수 있다. 예전에는 알람을 맞추고, 지도를 펼쳐 보아야 했던 일들이 이제는 간단한 음성 명령으로 해결된다. 앞으로는 더 다양한 영역에서 요구하면 AI와 로봇에 의해 실현되는 세상에 살아갈 것이다.

하지만 요구하는 인간의 탄생은 단순한 편리함의 증가가 아니다. 이는 인간의 정체성이 '스스로 하는 존재'에서 '요구하는 존재'로 바뀌는 근본적 변화를 의미한다. 그리고 이 변화는 예상치 못한 역설을 만들어낸다.

역설적 존재: 권력자이자 의존자

AI와 로봇 시대의 인간은 '역설적 존재'가 되었다. 외적으로는 막강한 요구 권한을 가진 지배자처럼 보이지만, 내적으로는 그 요구하는 대상(AI와 로봇)에 의존하는 구조적 취약성을 갖는다. 이는 모순이 아니라 새로운 형태의 권력-의존 관계다.

앞서 살펴본 로마 황제의 모습이 이를 잘 보여준다. 황제는 말 한마디로 로마 전역에 영향력을 행사할 수 있었지만, 동시에 신하와 귀족, 시민, 노예에게 의존할 수밖에 없었다. 권력이 클수록 의존도도 커지는 구조적 관계였다. AI와 로봇 시대의 인간도 이와 같은 처지에 놓여있다. 기술이 발전하면 할수록 인간은 더 기술에 의존적이고, 우리가 사용하는 기술이 복잡해질수록 그것을 직접 만들거나 고칠 수 없게 된다.

여기서 말하는 '유약함'은 두 가지 차원을 가진다. 첫째는 구조적 유약함으로, 기술 시스템에 대한 근본적 의존성을 의미한다. 둘째는 인지적 유약함으로, 스스로 판단하고 실행하는 능력의 약화를 뜻한다. 전세계에 대규모 정전이 일어난다면 기댈 곳 없는 인간들은 우왕좌왕할 것이다. 이는 전통적인 시선으로 바라본 '극복해야 할 약점'이 아니라, AI 시대 인간 존재 조건의 새로운 특성이다.

현대인들은 이미 스마트폰 없이는 일상생활을 정상적으로 하기 어려워하며, 디지털 지도에 의존하는 사람들은 길 찾는 능력과 방향 감각이 현저히 떨어진다. 니콜라스 카의《생각하지 않는 사람들》(2015)에서 경고했듯이, 기술이 우리의 인지 부하를 덜어 주면서 사용하지 않는 능력은 서서히 약화되고 있다는 점은 분명하다.

선택의 위임과 의지력 약화

더 우려스러운 변화는 의사결정 영역에서 나타나고 있다. 심리학에서 말하는 '선택의 역설'에서 보듯, 너무 많은 선택지가 주어지면 사람들은 오히려 선택을 피하거나 다른 존재에게 맡기려 한다. AI는 이런 '선택 피로'를 해소해 주는 편리한 해결책이 되고 있다.

최근 조사에 따르면 젊은 세대 중 상당수가 젊은 세대 중 상당수가 특정 주제에 대해 AI의 조언을 참고하는 경향이 있으며, 특히 관계, 자기표현, 신체 건강과 같은 덜 민감한 주제에서 AI가 생

성한 답변을 선호하는 것으로 나타났다.[32]

　이런 경향은 요구하는 방식에도 영향을 준다. 처음에는 명확한 목표를 가지고 AI에 구체적인 작업을 요구했지만, 점점 더 "내게 가장 좋은 걸 추천해 줘" 같은 모호한 요구를 하는 경우가 늘고 있다. 이러한 '선택의 위임'은 편리함을 주는 동시에, 우리의 취향과 선호를 만드는 권한을 AI에 넘겨주는 것을 의미한다. 이것이 바로 의지력 약화의 새로운 양상이다.

　여기서부터 우리는 딜레마에 빠진다. 기술 의존성과 인지적 약화는 분명 우려스러운 변화다. 그렇다고 해서 이 흐름을 되돌릴 수 있을까? 스마트폰을 버리고, AI 사용을 중단하고, 과거의 삶으로 돌아갈 수 있을까? 현실적으로 불가능하다. 그런데 인류 역사를 돌아보면 이런 '의존성 증가'는 새로운 것이 아니다. 농업혁명 때 인간은 자연에 의존하던 수렵채집에서 토지와 기후에 의존하는 농업으로 전환했다. 산업혁명 때는 기계에 의존하게 되었고, 정보혁명 때는 컴퓨터와 인터넷에 의존하게 되었다. 매번 의존성 증가에 대한 우려가 있었지만, 인류는 그 안에서 새로운 형태의 자유와 가능성을 발견해 왔다.

　더 중요한 관찰은 유약함이 증가할수록, 우리는 '무엇을 원하는가'에 대해 더 신중해진다. 모든 것을 쉽게 요구할 수 있게 되

32　Jordyn Young 외 「The Role of AI in Peer Support for Young People: A Study of Preferences for Human- and AI-Generated Responses」, 『CHI '24: Proceedings of the 2024 CHI Conference on Human Factors in Computing Systems. Article No.: 1006, Pages 1 - 18』, (2024)

자, 오히려 '진정으로 원하는 것이 무엇인가'라는 질문이 더 중요해졌다. 선택의 피로가 증가하자, 자신의 가치와 우선순위를 명확히 하는 것이 더 절실해졌다. 즉 유약함 자체가 새로운 형태의 성찰과 책임을 요구하고 있다. 이것이 인간의 유약함을 단순한 퇴화가 아닌 진화의 한 형태로 볼 수 있는 근거다.

유약함을 받아들이는 새로운 책임

이러한 관점에서 보면, 전통적으로 유약함을 극복해야 할 약점으로 여겼던 시각을 바꿔야 한다. AI 시대에는 이를 인간 존재의 당연한 특성으로 받아들여야 한다. 요구하는 유약한 인간이 자신의 존엄성과 의미를 지키는 방법은 '책임'에 있다. 유약함이 오히려 책임의 원천이 될 수 있다는 것이다. AI와 로봇 시대에 인간의 '요구하기' 능력은 엄청난 힘이다. 한 마디 명령으로 세상을 바꾸고, 복잡한 정보를 처리하고, 중요한 결정을 내릴 수 있기 때문이다. 이런 힘에는 그만큼의 책임이 따른다. 요구하는 유약한 인간으로서 우리에게 필요한 것은 다음과 같은 세 가지 실천이다.

첫째, 자신의 진정한 욕구 탐구하기다. AI가 제안하는 편리한 선택에 안주하기보다 자신이 진정으로 원하는 것이 무엇인지 끊임없이 성찰해야 한다. 예를 들어, AI가 추천하는 영화를 그대로 보는 대신, 내가 왜 이런 장르를 좋아하는지, 어떤 메시지를 원하는지를 스스로 질문해 보는 것이다.

둘째, 요구의 윤리적 책임 인식하기다. 나의 요구가 어떤 결과를 가져올지, 누구에게 영향을 미칠지를 깊이 고려해야 한다. AI에 정보를 요청할 때도 그 정보가 어떻게 사용될지, 다른 사람에게 해가 되지는 않을지를 생각해야 한다. 작은 일상의 요구부터 신중하게 접근하는 습관을 기르는 것이 중요하다.

셋째, 기술 의존 속에서도 인간적 관계 유지하기다. AI와의 관계가 아무리 편리해도 인간의 불완전하지만 진실한 관계를 소중히 여겨야 한다. 기술의 도움을 받으면서도 인간 고유의 경험과 관계를 놓치지 않는 균형감각이 필요하다.

요구하는 유약한 인간의 모습은 위기인 동시에 기회다. 생산과 실행에서 인간이 무용해질수록, '요구하기'는 더욱 중요한 인간의 기능이 된다. 동시에 '무엇을 요구해야 하는지'를 결정하는 능력도 더욱 중요해진다. 이는 자신의 가치와 목적에 대한 철학적 질문이며, 무용한 인간이 새로운 의미를 찾아가는 핵심 과정이다.

요구하는 절대강자

우리는 AI와 로봇에게 의존하며 스스로 판단 능력까지 위임하는 '요구하는 유약한 인간'의 모습을 살펴보았다. AI의 조언을 맹목적으로 따르고, AI가 만들어낸 결과물을 수동적으로 받아들이는 인간의 모습은 분명 우리의 생산능력이 점차 무용해지고 있음을 시사한다.

그러나 이 현상 속에는 역설적인 진실이 있다. 무용한 인간이 되어가는 동시에, 인류는 역사상 전례 없는 강력한 권한을 갖게 되었다. 이제 우리는 '말 한마디로 세상을 움직이는 새로운 형태의 권력자'가 된 것이다.

말 한마디로 세상을 움직이는 권력

'요구하는 절대강자'라는 표현은 특정 계층이나 소수의 엘리트만을 지칭하지 않는다. AI와 로봇의 시대에는 과거에는 상상할 수 없었던 일이 벌어지고 있다. 평범한 개인도 과거 황제나 왕이 가졌던 것과 유사한 권한을 갖게 되었다.

과거 알렉산더대왕이 광대한 정보를 얻기 위해 도서관을 세우고 수많은 학자를 동원했다면, 이제 우리는 AI에 말 한마디로 방대한 지식을 즉시 얻는다. 몽골제국은 빠른 정보 전달을 위해 역참제도를 운영했다면, 우리는 지구 반대편 사람과 실시간으로 영상통화를 한다. 진시황제가 만리장성과 같은 거대한 프로젝트를 기획하고 실행하기 위해 수십만 명의 인력을 동원했다면, 앞으로 우리는 AI에 요구하여 3D 모델링으로 가상의 건축물을 순식간에 설계하고 로봇으로 실행할 수 있게 될 것이다.

이러한 변화는 이미 우리 일상 속으로 깊이 들어왔다. 만약 당신이 AI 챗봇에게 "19세기 빅토리아 시대 런던 배경의 미스터리 소설을 써줘"라고 요구한다면, 몇 분 안에 전문 작가 수준의 소설

원고를 받아볼 수 있다. 과거라면 몇 달에서 몇 년이 걸렸을 일이다. 한 중소기업 대표는 AI에 "우리 회사 매출을 분석하고 향후 마케팅 전략을 제안해 줘"라고 지시했고, 며칠이 걸리던 컨설팅 보고서를 몇 시간 만에 손에 쥐었다.

여기서 핵심은 인간의 '요구' 자체가 현실을 직접 변화시키는 힘을 갖게 되었다는 점이다. 과거 마법사나 신화 속 영웅들이 주문을 외워 기적을 일으켰다면, 현대인은 AI와 로봇에게 지시하여 유사한 결과를 얻을 수 있다. 직접 만들지 않아도 원하는 것을 얻을 수 있고, 직접 계산하지 않아도 복잡한 문제를 해결할 수 있으며, 직접 이동하지 않아도 전 세계 어디든 영향을 미칠 수 있다.

절대강자가 된 평범한 개인들

물론 이러한 권한은 모든 인간에게 균등하게 주어지지 않는다. AI와 로봇에 접근할 수 있는 경제적 여건, 이를 효과적으로 활용할 수 있는 디지털 리터러시, 그리고 창의적으로 요구할 수 있는 상상력에 따라 여전히 격차가 존재한다. 또한 AI와 로봇이 수행할 수 있는 작업에도 한계가 있다. 물리적 세계의 복잡한 작업, 고도의 창의성이 필요한 영역, 그리고 윤리적 판단이 요구되는 상황에서는 여전히 인간의 개입이 필요하다.

그럼에도 과거와 비교하면 개인이 행사할 수 있는 권한의 범위는 극적으로 확장되었다. "알렉사, 집 온도를 22도로 맞춰줘"라고 하면 즉시 실행되고, "Siri, 내일 파리행 비행기표 예약해 줘"라고 하면 복잡한 예약 절차가 자동으로 진행된다. 가까운 미래에는 "로봇 집사, 저녁 준비해 줘"라고 명령하면 식사 준비부터 설거지까지 모든 것이 해결될 것이다.

인간이 생산 능력 측면에서 점점 무용해질수록, 역설적으로 요구하고 통제하는 능력 측면에서는 절대강자가 된다. 생산 과정에 직접 참여하지 않지만 생산을 통제하고, 실행하지 않지만 실행을 지시하며, 노동하지 않지만 노동의 결과를 온전히 누린다. 이것이 바로 '무용한 인간의 절대강자화' 현상이다.

권력과 공허함의 역설

하지만 이러한 권한 확대에는 예상치 못한 그림자가 따라온다. 모든 것을 요구로 해결할 수 있게 되면서, 역설적으로 "과연 무엇을 원해야 하는가?"라는 근본적 질문에 직면하게 된 것이다.

이는 고대 그리스 철학자들이 경고했던 '아크라시아$_{akrasia}$'[33]와 유사한 상태다. 아크라시아는 '무엇이 좋은지 알지만 그것을 실행하지 못하는 의지력 약화 현상'을 말한다. 예를 들어, 건강에 좋다는 것을 알면서도 운동을 하지 않거나, 공부해야 한다는 것을 알면서도 미루는 것이 아크라시아의 전형적인 예다.

다만 현대적 아크라시아는 '실행 능력의 부족'이 아니라 '원하는 것의 불분명함'에서 기인한다. AI와 로봇이 모든 실행을 대신

---

[33] 아리스토텔레스, 《니코마코스 윤리학》, 현대지성, 2022

해 주는 상황에서, 정작 우리는 무엇을 원하는지 모르는 새로운 형태의 혼란에 빠진 것이다.

심리학자들이 "인간의 진정한 행복은 도전과 성취의 과정에서 온다"[34]고 말하듯이, AI와 로봇이 모든 것을 대신해 준다면, 우리는 어디에서 의미를 찾을 수 있을까? 절대적 권한을 가졌지만, 역설적으로 무엇을 원하는지 모르는 실존적 딜레마가 등장한 것이다.

실제로 일부 사람들은 의도적으로 'AI 없는 시간'을 만들거나, 직접 손으로 만드는 활동에서 의미를 찾기 시작했다. 이는 절대 강자의 권한을 스스로 제한하며 인간 본연의 의미를 탐색하려는 움직임으로 볼 수 있다.

새로운 권력이 요구하는 책임

이러한 절대강자의 지위는 새로운 형태의 책임을 요구한다. AI와 로봇 시대의 요구는 예상치 못한 파급 효과를 가져올 수 있으며, 개인의 단순한 호기심이나 무심한 요구가 사회 전체에 긍정적 또는 부정적 영향을 미칠 수 있다.

만약 한 일반인이 AI에 "특정 바이러스 백신 개발 아이디어"를 요구했고, AI가 제시한 아이디어가 실제 연구에 활용되어 인류에게 도움이 되었다면 어떨까? 반대로 악의적인 요구는 예상보

---

34 미하이 칙센트미하이, 《몰입, FLOW》, 한울림, 2005

다 큰 피해를 줄 수도 있다. 따라서 '할 수 있다'와 '해야 한다'는 것 사이의 윤리적 구분이 그 어느 때보다 중요해졌다.

모든 인간이 절대강자가 된 사회에서는 '요구의 충돌'이 새로운 갈등 요소가 될 수 있다. 한 사람은 AI에 "조용한 환경을 만들어줘"라고 요구하고, 다른 사람은 "활기찬 분위기를 조성해 줘"라고 요구한다면, AI와 로봇은 어떻게 대응해야 할까?

또한 '요구의 질'에 따른 새로운 형태의 계층화도 발생할 수 있다. 모두가 절대강자지만, 더 창의적이고 의미 있는 요구를 하는 사람과 단순하고 즉흥적인 요구만 하는 사람 사이에 격차가 생길 수 있다. AI와 로봇에게 무엇을 요구할지 결정하는 것은 이제 개인의 가치관과 철학을 반영하는 행위가 된다.

결국 요구하는 절대강자와 요구하는 유약한 인간은 동일한 존재의 양면이다. 우리는 모두 AI 시대 역설적 인간이 되었다. 강력한 권한을 가졌지만 동시에 그 권한에 의존하며, 무엇이든 요구할 수 있지만 정작 무엇을 원하는지 혼란스러워한다. 생산 능력은 상실했지만 통제 능력은 극대화된 새로운 인간상이다.

이제 우리의 요구가 단순한 편의와 쾌락을 넘어, 더 의미 있고 가치 있는 목적을 향할 수 있도록 우리의 가치관과 철학을 정립하는 것이 그 어느 때보다 중요해졌다.

요구의 민주화

1년 전까지만 해도 김 대리는 상사의 요구만 받아왔다. 그런데 요즘은 다르다. 출근하자마자 AI에 "오늘 회의 자료 만들어줘", "고객 데이터 분석해 줘"라고 요구한다. 퇴근 후에는 "아이 숙제 도와줘", "주말여행 계획 세워줘"라고 요구한다. 하루 종일 요구만 하며 산다. 과거 소수만 누렸던 '요구할 권리'가 이제 모든 사람의 일상이 되었다. 이제 모든 사람이 AI와 로봇에게 요구할 수 있게 되면서 '요구의 민주화'가 일어나게 된 것이다.

소수의 특권에서 모두의 권리로

'요구의 민주화'란 요구할 수 있는 권한이 소수에서 다수로, 특권층에서 일반인으로 확산되는 현상을 말한다. 과거 개인 비서를 둘 수 있는 사람은 극소수였다. 하지만 이제는 누구나 AI 비서를 가질 수 있다. 과거 전문 컨설턴트의 조언을 받으려면 큰 비용을 지불해야 했지만, 이제는 AI에 월 2~3만 원 정도의 비용으로 전문적인 조언을 요구할 수 있다.

맥킨지 2024년 AI 현황 보고서[35]에 따르면, 65%의 조직이 정기적으로 생성형 AI를 사용하고 있다고 응답했다. 이는 10개월 전 조사의 34%에서 거의 두 배 증가한 수치다. 또한 78%의 응답

---

[35] McKinsey, 〈The state of AI: How organizations are rewiring to capture value〉, 2025

자가 자신의 조직이 최소 하나의 업무 기능에서 AI를 사용한다고 답했다.

예를 들어 소상공인이 "우리 매장 매출 데이터를 분석하고 개선 방안을 제시해 줘"라고 요구하면, 과거 경영 컨설턴트에게 수백만 원을 지불해야 했던 서비스를 받을 수 있게 되었다. 마찬가지로 한 주부가 "우리 가족 건강 식단 짜줘"라고 요구하면 영양사 수준의 식단표를 받을 수 있고, 학생이 "내 관심사와 적성을 고려한 진로 조언을 해줘"라고 요구하면 전문 상담사 수준의 가이드를 얻을 수 있다.

이처럼 AI와 로봇은 계층과 소득에 관계없이 누구에게나 비슷한 수준의 서비스를 제공한다. 이는 과거 특권층만이 누릴 수 있었던 '개인 맞춤형 서비스'가 일반화되는 것을 의미한다. 요구의 민주화는 단순한 기술적 변화가 아니라 사회 구조 자체의 변화다.

새로운 능력 격차의 등장

하지만 주목해야 할 점은 모든 사람이 같은 수준의 요구를 하는 것은 아니라는 사실이다. 같은 AI에 요구해도 어떻게 요구하느냐에 따라 결과가 크게 달라진다. 단순히 "돈 잘 버는 방법 알려줘"라고 요구하는 사람과 "내 상황과 능력을 고려해 3년 내 달성 가능한 수익 모델을 구체적으로 제시해 줘"라고 요구하는 사람의 결과는 천지차이다.

요구의 민주화가 진행되면서 새로운 형태의 불평등도 등장하고 있다. 바로 '요구 능력의 격차'다. 효과적으로 요구할 수 있는 사람과 그렇지 못한 사람 사이에 점점 더 큰 차이가 벌어지고 있다. AI 전문가들은 '효과적 소통 능력'을 강조하고 있다. 이는 과거의 디지털 활용 능력과 질적으로 다르다. 디지털 활용 능력이 기술 사용법을 아는 것이라면, 효과적 소통 능력은 원하는 결과를 얻기 위해 명확하고 구체적으로 소통하는 능력이다. 같은 AI 도구를 사용해도 이 능력이 높은 사람은 훨씬 더 나은 결과를 얻을 수 있다.

예를 들어 두 사람이 같은 AI에 번역을 요구한다고 하자. A는 "이 문서 번역해 줘"라고 간단히 요구한다. B는 "이 문서는 의료 기술 관련 논문이야. 전문 용어는 정확하게 번역하되 일반인도 이해할 수 있게 쉬운 표현으로 바꿔줘. 번역 후 핵심 내용을 요약해서 따로 정리해 줘"라고 구체적으로 요구한다. 결과는 비교할 수 없을 정도로 차이가 난다.

이러한 요구 능력의 격차는 새로운 계층화를 만들어낸다. AI 시대는 '무엇을 아느냐'보다 '어떻게 요구하느냐'가 더 중요해진다. 앞으로는 지식의 소유 여부가 아니라 지식의 활용 능력이 경쟁력이 되는 것이다.

기회와 창의성의 폭발

요구의 민주화는 긍정적인 변화도 가져오고 있다. 과거에는 권력자나 전문가만이 할 수 있었던 복잡한 분석과 의사결정을 일반인도 할 수 있게 되었다. 이는 진정한 의미의 '지식 민주화'로 이어질 수 있다.

시민들이 AI의 도움을 받아 정책을 분석하고 대안을 제시할 수 있게 되면서, 정치 참여의 질이 높아질 가능성도 있다. 복잡한 법안이나 예산안을 AI에 분석 요청해 쉽게 이해할 수 있고, 자신만의 정책 대안을 만들어 제시할 수도 있다.

또한 요구의 민주화는 창의성과 혁신을 촉진하고 있다. 과거에는 아이디어가 있어도 실현할 방법이나 자원이 없어 포기했던 일들을 이제는 AI와 로봇의 도움으로 실현할 수 있게 되었다. 실제로 한 고등학생이 AI에 "환경 문제를 해결할 수 있는 새로운 앱 아이디어를 제안하고 개발 과정도 도와줘"라고 요구해 실제로 앱을 개발한 사례도 있다.

스타트업 생태계에서도 변화가 일어나고 있다. 창업자들이 AI를 하루에 300번 이상 사용하며 로고 제작부터 웹사이트 구축, 마케팅 자료 제작, 고객 지원 사이트 구축까지 모든 것을 AI의 도움으로 처리하고 있다는 사례도 있다.

개인 차원에서도 혁신이 일어나고 있다. 직장인들이 AI의 도움으로 부업을 시작하거나, 주부들이 온라인 쇼핑몰을 운영하거나, 학생들이 창작 활동을 하는 경우가 늘어나고 있다. 요구의 민주화는 누구나 창업가가 될 수 있는 환경을 만들어주고 있다.

새로운 사회 규칙의 필요성

요구의 민주화가 진행되면서 사회의 새로운 규칙과 질서가 필요해졌다. 모든 사람이 AI와 로봇에게 자유롭게 요구할 수 있게 되면서, '요구의 윤리'가 중요한 사회적 이슈로 부상하고 있다.

첫째는 '요구의 한계' 문제다. AI에게 무엇까지 요구할 수 있는가? 불법적이거나 비윤리적인 요구는 어떻게 걸러낼 것인가? 각 AI 기업들은 나름의 가이드라인을 제시하고 있지만, 아직 사회적 합의는 이루어지지 않은 상태다.

둘째는 '요구의 충돌' 문제다. 서로 다른 사람들의 요구가 충돌할 때 어떻게 해결할 것인가? 예를 들어 한 사람은 AI에 "시끄러운 음악 틀어줘"라고 요구하고, 다른 사람은 "조용한 환경 만들어줘"라고 요구한다면? 공공장소에서 AI와 로봇이 상충하는 요구를 받았을 때의 우선순위는 무엇인가?

셋째는 '요구의 책임' 문제다. AI가 실행한 결과에 대한 책임은 누가 져야 하는가? 요구한 사람인가, AI를 만든 회사인가, 아니면 AI 자체인가? 이는 법적, 윤리적으로 복잡한 문제다. 실제로 한 사용자가 AI에 투자 조언을 요구해 큰 손실이 났을 때, 책임 소재를 둘러싼 논란이 벌어진 사례가 있다. AI 회사는 "단순한 정보 제공일 뿐 투자 권유가 아니다"라고 주장했고, 사용자는 "AI의 조언을 믿고 투자했는데 책임을 져야 한다"라고 반박했다. 이런 사례들이 늘어나면서 요구의 책임 문제는 새로운 사회적 쟁점이 되고 있다.

무용한 인간 시대의 새로운 가능성

요구의 민주화를 진정한 기회로 만들기 위해서는 두 가지가 필요하다. 개인적으로는 효과적인 요구 능력을 기르는 것이고, 사회적으로는 요구의 윤리와 책임에 대한 합의를 만드는 것이다. 그런데 이러한 노력에도 불구하고, 요구의 민주화는 예상치 못한 부작용을 낳고 있다. 모든 사람이 자유롭게 요구할 수 있게 되자, 요구 자체가 급격히 증가하면서 새로운 문제가 발생하는 것이다.

요구의 민주화는 무용한 인간 시대의 중요한 변화 중 하나다. 생산 능력에서는 무용해졌지만, 요구 능력에서는 모든 인간이 평등해질 가능성을 보여준다. 하지만 동시에 새로운 불평등과 갈등의 원인이 되기도 한다.

요구의 인플레이션

아침에 일어나 AI에 "오늘 날씨 어때?"라고 물어보고, 출근길에 "교통상황 알려줘", 회사에서는 "회의 자료 만들어줘", 점심시간에 "맛집 추천해 줘", 퇴근 후 "운동 계획 세워줘". 하루에도 수십 번씩 우리는 AI에 요구한다. 그런데 이상한 일이 벌어지고 있다. 요구할 수 있는 것이 무한해질수록, 요구하는 행위 자체의 의미는 점점 작아지고 있다. 요구하는 것이 점점 더 쉬워지고 일상화되면서, 새로운 현상이 등장하고 있다. 바로 '요구의 인플레이션Demand Inflation'이다.

요구 과잉의 시대

　최근 통계를 보면 요구의 폭증이 얼마나 심각한지 알 수 있다. ChatGPT는 2025년 현재 주간 활성 사용자가 8억 명에 달하며, 하루에 10억 건 이상의 쿼리를 처리하고 있다.[36] Fortune 500 기업의 92%가 OpenAI 기술을 사용하고 있다. 맥킨지 조사에 따르면 71%의 조직이 최소 하나의 업무 기능에서 생성형 AI를 정기적으로 사용하고 있다. 이는 하루에도 엄청난 수의 요구가 생성되고 있음을 의미한다.

　이렇게 엄청난 양의 요구는 필연적으로 요구의 인플레이션을 가져온다. 경제학에서 인플레이션이 화폐 가치를 떨어뜨리듯, 요구 인플레이션은 요구 자체의 가치를 떨어트린다. 닐 포스트먼이 정보가 부족한 것이 아니라 너무 많다는 것이 문제이며, 정보 환경이 거대하고 계속 확장되는 하수도 시스템 같아서 우리는 그 찌꺼기에 빠져 죽어가고 있다고 했듯이,[37] 요구가 너무 많으면 요구의 힘과 의미가 사라진다.

　실제로 이런 현상은 이미 나타나고 있다. 2024년 한 대학생이 AI에 "과제 해줘"라고 요구했다. 과거라면 친구에게 부탁하거나

36　Shubham Singh, 〈ChatGPT Statistics (2025) – Daily & Monthly Active Users〉, 2025
37　닐 포스트먼, 《테크노폴리: 기술이 문화를 지배할 때》, 민음사, 2001

전문가에게 의뢰해야 했을 일이다. 하지만 이제는 몇 초 만에 해결된다. 너무 쉽게 얻을 수 있게 되면서 그 결과물의 가치도 함께 떨어졌다.

그런데 요구의 인플레이션이 단순히 양적 증가만의 문제일까? 더 깊이 살펴보면, 이는 요구 자체의 본질적 변화를 의미한다. 과거의 요구는 필요에 의한 것이었다면, 현재의 요구는 종종 습관이나 편의를 위한 것이 되고 있다.

가치 하락의 3차원

요구의 인플레이션은 세 가지 차원에서 나타난다.

- **경제적 가치 하락:** AI가 특정 작업을 수행하는 비용은 계속 떨어지고 있다. OpenAI의 GPT-3.5 Turbo의 경우 입력 가격이 50% 하락하여 1,000 토큰 당 0.0005달러, 출력 가격이 25% 하락하여 1,000 토큰 당 0.0015달러가 되었다. 2025년 초에는 OpenAI의 가장 강력한 추론 모델인 o3의 가격이 80% 인하되어 입력 토큰 100만 개당 2달러, 출력 토큰 100만 개당 8달러로 책정되었다.[38] 무료로 혹은 거의 무료로 얻을 수 있는 것은 종종 그 가치를 인정받지 못한다.

---

38 Azure OpenAI Pricing

- **사회적 가치 하락:** 과거에는 누군가에게 도움을 요청하면 감사와 인정의 감정이 오갔지만, AI에 요구하는 것은 일방적이고 도구적이다. 점원이 있는 매장에서 자판기로 바뀐 것과 같다. 더 이상 점원의 따뜻한 인사와 표정 없이 동전을 넣고 버튼을 누르고 구매한 물건을 쏟아내는 것처럼 말이다. 요청과 응답 사이의 인간적 맥락이 제거되면서, 요구 자체가 단순한 기능 실행으로 전락한다. 그 과정에서 과정의 가치는 사라진다.

- **심리적 가치 하락:** 심리학의 '노력 정당화 Effort Justification' 이론에 따르면, 노력을 들인 결과에 더 큰 가치를 부여한다. AI가 너무 쉽게 모든 것을 제공할 때, 역설적으로 만족감은 줄어들고 노력 없는 성취는 공허하게 느껴진다. 실제로 AI를 활용해 과제를 해결한 학생들이 직접 해결한 학생들보다 낮은 만족감을 보이는 이유다.

계층화와 선택의 역설

모든 요구가 똑같이 인플레이션을 겪는 것은 아니다. 여기서 요구의 계층화 현상을 관찰할 수 있다. 일부 요구는 계속 가치를 유지하거나 증가시키는 반면, 다른 요구는 가치가 급격히 하락한다.

"오늘 뉴스 요약해 줘"와 같은 일반적인 요구는 가치가 하락한다. 누구나 할 수 있고, 결과도 비슷하기 때문이다. 반면 "건강

기록과 유전자 데이터를 분석해서 개인화된 영양 계획을 세워줘"
와 같은 맞춤형 요구는 가치를 유지한다. 표준화되고 패턴화된
요구는 가치가 하락하지만, 독특하고 개인화된 요구는 가치가 유
지된다.

하지만 문제는 AI의 능력이 뛰어나서, 이러한 맞춤형 요구를
할 수 있는 '옵션'과 '가능성'이 무한히 많아졌다는 점이다. 요구
할 수 있는 옵션이 많으면, 오히려 무엇을 요구해야 할지 모르게
된다. 2023년 맥킨지 조사에 따르면, 79%의 응답자가 생성형 AI
에 어느 정도 노출되어 있다고 답했지만, 22%만이 업무에 정기적
으로 사용한다고 답했다. 이는 많은 사람이 AI의 잠재력을 알고
있지만 효과적으로 활용하지 못하고 있음을 뜻한다.

실제로 연구에 따르면 AI 사용자들이 "무엇을 물어봐야 할지
모르겠다"는 '선택의 역설 The Paradox of Choice'을 경험하는 경우가 늘
고 있다. 너무 많은 가능성이 오히려 효과적인 요구를 방해하는
역설적 상황이다.

긍정적 변화와 새로운 기회

그러나 요구의 인플레이션이 모두 부정적인 것은 아니다. 이
현상은 동시에 전례 없는 기회도 창출하고 있다.

- **민주적 접근성 확대:** 과거 전문가나 특권층만 접근할 수 있었
던 고급 서비스가 일반인에게도 개방되었다. 법률 자문, 의료

상담, 투자 조언 등이 이제 누구나 요구할 수 있는 영역이 되었다. 이는 진정한 의미의 '지식 민주화'다.

- **혁신과 창의성 촉진:** 요구의 장벽이 낮아지면서 더 많은 사람이 창의적 실험을 할 수 있게 되었다. AI 도구를 사용한 직원들이 34%의 시간을 절약하거나 월 45시간을 단축할 수 있게 되었고, 마케터의 56%는 AI 생성 콘텐츠가 인간이 만든 콘텐츠보다 우수하다고 평가했다. 이는 인간이 더 높은 차원의 창의적 작업에 집중할 수 있게 해준다.

- **효율성 극대화:** 반복적이고 단순한 요구들이 자동화되면서, 인간은 정말 중요한 요구에 집중할 수 있게 되었다. 이는 전체적인 생산성 향상으로 이어진다.

무용한 인간의 새로운 가능성

요구의 인플레이션은 무용한 인간의 문제에 중요한 함의를 갖는다. 생산과 실행에서 인간이 무용해질 때, '요구하기'가 인간의 핵심 기능이 된다. 그런데 요구 자체의 가치가 인플레이션을 겪는다면, 이 마지막 영역마저도 위협받을 수 있다.

하지만 동시에 이는 새로운 기회이기도 하다. 양적 요구에서 질적 요구로, 단순한 명령에서 창의적 협업으로, 개별적 요구에서 집단적 의사결정으로 전환할 수 있는 계기가 될 수 있다. 이러한 전략들은 요구의 인플레이션에 대응하면서, 동시에 무용한 인간의 문제에 대한 새로운 관점을 제시한다. 인간의 가치가 단순한 생산이나 요구의 능력을 넘어, 보다 복합적이고 관계적인 차원에서 재정의될 수 있음을 시사한다.

요구의 층위

같은 순간, 전 세계에서 일어나는 두 장면이다. 10살 아이가 "Siri, 타이머 5분 맞춰줘"라고 말한다. 같은 시각, 세계적 연구소의 과학자가 "Gemini, 암 치료법의 최신 발전을 분석하고 향후 10년간의 전망을 예측해 줘"라고 요구한다. 둘 다 AI에 하는 요구다. 하지만 그 무게는 전혀 다르다.

요구의 인플레이션 시대에 모든 요구가 동일한 가치를 갖는 것은 아니다. 마치 화폐에 지폐와 동전의 구분이 있듯이, 요구에도 다양한 층위가 존재한다. 어떤 요구는 여전히 희소하고 가치 있는 반면, 다른 요구는 흔하고 가치가 낮아진다. 이러한 요구의 층위를 이해하는 것은 무용한 인간 시대에 인간의 새로운 가치를 발견하는 열쇠가 될 수 있다.

기초적 요구와 도구적 요구

기초적 요구는 간단한 정보 검색이나 단순 작업을 AI에 요청하는 것이다. "오늘 날씨 어때?", "알람 설정해 줘", "이 단어 번역해 줘" 같은 요구가 속한다. 로이터 연구소 조사에 따르면, 생성형 AI 사용자의 24%가 이런 정보 수집 목적으로 사용한다고 답했다.[39]

과거에는 날씨를 알기 위해 TV를 켜거나 신문을 봐야 했지만, 이제는 음성 명령 몇 초만으로 해결된다. 이처럼 누구나 쉽게 할 수 있게 된 요구들은 현대 디지털 생활의 기본적인 부분이 되어 가고 있다.

도구적 요구는 특정 목적을 달성하기 위해 AI를 도구로 활용하는 것이다. "내 이력서를 개선해 줘", "이 코드의 버그를 찾아줘", "내 마케팅 전략의 약점을 분석해 줘" 같은 요구가 속한다. 세일즈포스 조사에 따르면, 마케터의 51%가 생성형 AI를 사용하고 있다.[40] 이런 요구는 요구자의 전문성과 명확한 목표 설정 능력을 반영한다.

하지만 많은 직종에서 AI를 업무 도구로 활용하는 것이 뉴 노멀이 되면서, AI가 표준 도구가 된 순간 그것을 사용하는 능력 자체는 더 이상 경쟁 우위가 되지 않는다. 기초적 요구와 도구적 요구의 경계는 요구자의 전문성과 목적의식에 달려 있다. "엑셀 함수 알려줘"는 기초적 요구이지만, "우리 회사 매출 데이터를 분석해서 다음 분기 전략을 수립해줘"는 도구적 요구다.

---

39 Reuters Institute for the Study of Journalism, 〈Digital News Report 2024〉
40 Salesforce Research, 〈New Research: 60% of Marketers Say Generative AI will Transform Their Role, But Worry About Accuracy〉

창의적 요구와 변혁적 요구

창의적 요구는 AI를 통해 새롭고 독창적인 결과물을 만들어내는 것이다. "차세대 모바일 기기의 콘셉트 디자인을 제안해 줘", "기후 변화와 인간 심리의 관계에 대한 에세이 써 줘", "서로 다른 문화 전통을 융합한 새로운 요리 레시피 만들어 줘" 같은 요구가 속한다. 로이터 조사에서 28%의 사용자가 미디어 창작 목적으로 AI를 사용한다고 답했다.[41] 이런 요구는 요구자의 창의적 비전과 상상력을 반영한다.

스티브 잡스는 1996년 WIRED 인터뷰에서 "창의성이란 단지 사물들을 연결하는 것일 뿐이다"라고 말했다. AI 시대는 이 통찰이 더욱 중요해진다. 무한한 가능성의 바다에서 의미 있는 것을 선택하고 연결하는 능력이 진정한 창의성의 본질이 될 것이다.

변혁적 요구는 AI를 통해 현실을 근본적으로 변화시키고자 하는 것이다. "인류의 수명을 50년 연장하는 방법 연구해 줘", "기후 위기를 해결할 수 있는 새로운 경제 모델을 개발해 줘", "사회 불평등을 해소할 수 있는 정책 프레임워크를 설계해 줘" 같은 요구가 여기에 속한다. 이런 요구는 가장 드물고 가치 있는 것으로, 깊은 철학적 통찰, 윤리적 판단, 장기적 비전을 필요로 한다.

철학자 닉 보스트롬은 AI의 윤리적 문제를 다룬 연구에서 초지능이 단순한 기술 개발이 아니라 지금까지 만들어진 가장 중요

---

41   39에서 참조한 자료

한 발명이 될 것이라고 강조했다.[42] 변혁적 요구는 단순한 해답을 구하는 것이 아니라, 새로운 관점과 프레임워크를 창조하는 데 있다. 이런 요구를 할 수 있는 능력은 무용한 인간 시대의 새로운 형태의 리더십이 될 수 있다.

새로운 사회적 계층화

이러한 요구의 층위는 무용한 인간 시대의 인간 가치와 직접적으로 연결된다. 생산과 실행에서 인간이 점점 더 무용해질 때, 어떤 종류의 요구를 할 수 있는가가 새로운 가치의 척도가 된다. 기초적 요구만 할 수 있는 인간은 진정으로 무용한 상태에 가까워질 수 있다. 하지만 창의적 요구와 변혁적 요구를 할 수 있는 인간은 AI 시대에 인간만의 독특한 가치를 유지할 것이다.

요구의 인플레이션 시대에, 우리는 자연스럽게 더 높은 층위의 요구로 이동하게 될 것이다. 이는 인간이 더 높은 가치를 추구하려는 내재적 동기를 가지고 있기 때문이다.

이러한 요구의 층위는 새로운 형태의 사회적 계층화를 만들어 낼 수 있다. 앞에서 다룬 '무용한 인간의 하이라키'와 연결하여 보면, 요구의 층위에 따른 계층화도 일어날 수 있다. 변혁적 요구를 할 수 있는 능력은 새로운 형태의 사회적 자본이 될 수 있다. 이는 과거의 '디지털 격차'나 '정보 격차'와 유사하지만, 더 근본적이고

---

42 닉 보스트롬, 《슈퍼인텔리전스: 경로, 위험, 전략》, 까치, 2017

복합적인 성격을 갖는다. 단순히 기술에 접근할 수 있느냐의 문제가 아니라, 어떤 종류의 질문을 할 수 있느냐의 문제이기 때문이다.

그러나 기초적 요구가 무가치하다는 의미는 아니다. 모든 인간이 기본적으로 필요로 하는 것들이 있고, 이를 효율적으로 해결할 수 있게 해주는 것도 중요한 가치다. 문제는 기초적 요구에만 머무르는 것이다.

요구 능력 개발 방향

AI 시대에는 단순히 AI에 명령하는 법이 아니라, 어떤 종류의 요구를 해야 하는지, 어떻게 더 깊고 의미 있는 요구를 할 수 있는지를 가르쳐야 한다. 이는 질문의 깊이를 늘리고, 맥락 정보를 제공하며, 다각도로 접근하는 능력을 기르는 것이다.

어떤 종류의 말로 시작하느냐가 중요하다. 기초적인 명령어로 시작하는 일과, 깊은 통찰과 비전을 담은 요구로 시작하는 일은 그 결과가 완전히 다를 것이다. 변혁적 요구로 시작한 일은 세상을 바꿀 수 있지만, 기초적 요구로 시작한 일은 개인의 편의만 증진시킬 뿐이다.

이는 무용한 인간이 스스로 가치를 재확립하는 중요한 방법이 될 수 있다. 다양한 층위의 요구 능력을 개발하는 것은 AI 시대에 인간만이 할 수 있는 고유한 역할을 찾는 길이다. 요구의 층위를 이해하고 높은 층위의 요구를 할 수 있는 능력을 기르는 것. 이것이 요구의 인플레이션 시대에 인간이 무용해지지 않을 수 있는 핵심 전략이다.

요구 유형	정의	특징
기초적 요구	간단한 정보 검색이나 단순 작업을 AI에 요청하는 것	누구나 쉽게 할 수 있음, 디지털 생활의 기본적 부분
도구적 요구	특정 목적을 달성하기 위해 AI를 도구로 활용하는 것	요구자의 전문성 반영, 명확한 목표 설정 필요
창의적 요구	AI를 통해 새롭고 독창적인 결과물을 만들어내는 것	창의적 비전과 상상력 반영, 사물들을 연결하는 능력
변혁적 요구	AI를 통해 현실을 근본적으로 변화시키고자 하는 것	깊은 철학적 통찰 필요, 새로운 관점과 프레임워크 창조

구의 층위 분류표

6장

Demand it Yourself 시대 등장

인류는 항상 '만드는 존재'였다. 도구를 만들고, 집을 짓고, 음식을 요리하고, 예술을 창조해 왔다. 손과 머리를 사용해 무엇인가를 직접 만들어내는 것이 인간의 정체성이었다. 농업혁명부터 산업혁명, 정보혁명에 이르기까지 기술이 발전할 때마다 인간은 더 정교하고 복합적인 것을 만들어내며 자신의 가치를 증명해 왔다. 하지만 지금 일어나고 있는 변화는 근본적으로 다르다. 50년 전 런던의 펑크족들이 외쳤던 'Do It Yourself'의 시대가 끝나고 있다. AI와 로봇이 '만드는 일'을 인간보다 더 잘하게 되면서, 인간의 역할이 근본적으로 바뀌고 있다. 이제는 'Demand It Yourself'의 시대다. 호모 파베르(만드는 인간)에서 호모 페텐스(요구하는 인간)로의 진화가 시작된 것이다.

Do it Yourself 시대에서 Demand it Yourself 시대로

1977년 런던. 섹스 피스톨스의 〈Never Mind the Bollocks〉 앨범이 출시되었다. 이들이 외친 'DIY(Do It Yourself, 스스로 하기)' 정신은 단순한 음악 장르를 넘어 시대정신이 되었다. "네가 직접 해!"라는 혁명적 구호 아래, 음악가들은 스스로 레코드를 제작했다. 사람들은 옷을 만들고, 집을 수리했다. '누구나 할 수 있다'는 이 정신은 지난 50년간 인류 문화의 중요한 축을 형성했다.

2010년대에 접어들면서 DIY 문화는 기술과 만났다. 스마트폰의 고성능 카메라가 등장하고 누구나 사용할 수 있는 디지털 편집 앱과 동영상 제작 도구들이 보급되었다. 또 기술이 점차 발전하며 인스타그램의 필터 기능으로 누구나 멋진 사진을 만들 수 있게 되었고 스마트폰만으로도 영화 같은 영상을 편집할 수 있게 되었다.

프로슈머 시대의 도래

제레미 리프킨이 제안한 '프로슈머(Prosumer, 생산자이자 소비자)'의 시대가 열렸다. 유튜브 크리에이터들은 스마트폰 하나로 영화급 콘텐츠를 제작한다. 인스타그램 사용자들은 자신만의 미적 감각을 담은 사진을 전 세계와 공유한다. 그래픽 디자인 도구로 전문 지식 없이도 누구나 멋진 디자인을 만들 수 있게 해주었다. 'Do It Yourself' 정신의 새로운 르네상스가 펼쳐졌다.

인간은 디지털 기기와 협업하며 생각하는 모든 것을 현실로 만들어낼 수 있는 능력을 갖추게 되었다. 스마트폰 하나로 영화도 찍고, 음악도 만들고, 책도 출판할 수 있는 시대였다. 이러한 흐름은 인류에게 새로운 르네상스가 다가오는 듯했다. 불꽃이 가장 마지막 순간에 가장 밝은 빛을 내뿜는 것과 같이 인간의 유용함도 가장 밝은 빛을 내뿜고 있었다.

AI 시대의 충격과 패러다임의 전환

그런데 2022년 11월, ChatGPT가 등장하면서 모든 상황이 달라졌다. ChatGPT는 출시 5일 만에 100만 명의 사용자를 달성했고, 출시 2개월 만에 1억 명을 돌파했다. 50년간 지속된 DIY 시대의 끝이 다가온 것이다. AI와 로봇이 점점 더 뛰어난 '제작자'가 되면서 상황은 급변했다. 2022년 DALL-E가 등장하면서 그래픽 디자인 분야에 충격을 주었다. 이제는 간단한 텍스트 설명만으로도 전문가 수준의 이미지를 만들어낼 수 있게 된 것이다. 디지털 카메라로 찍은 사진도 인간이 아닌 AI가 보정하는 시대가 되었다. 사람들이 스스로 해내는 Do It Yourself 시대는 서서히 저물고 있었다.

Do it Yourself는 인간이 유용했을 때의 슬로건이다. 무용해진 인간은 더 이상 Do라는 동사에도 Yourself라는 목적어에도 부합하지 않는다. Do를 가장 잘하는 존재는 더 이상 인간이 아니라 AI와 로봇이 되었다.

호모 파베르에서 호모 페텐스로

한나 아렌트는 인간을 호모 파베르, 도구를 사용하고 제작하는 존재로 보았다. 그러나 이제 AI와 로봇이 대부분의 만드는 행위를 담당하게 되면서, 인간에게 남은 것은 무엇인가? 앞장에서 살펴봤듯이 요구하기다. 다시 말해 인간에게 남은 거의 유일한 동사는 Demand이다.

현대 사회의 창작 방식이 바뀌고 있다. 음악가들은 소리를 직접 만들어내기보다 AI에 어떤 소리를 원하는지 설명하는 데 더 많은 시간을 쓴다. 사진작가들은 카메라 설정을 조정하는 대신, AI에 어떤 느낌의 사진을 원하는지 요청한다. 영상 제작자들은 복잡한 편집 작업 대신, AI에 어떤 스타일의 영상을 만들고 싶은지 묘사한다.

과거에는 직접 손으로 만드는 행위가 창작과 성취의 중요한 가치였다. 오늘날에는 아이디어를 구체화하고 이를 실현하기 위해 정확하게 '요구'하는 능력이 더욱 중요해지고 있다. 창의성의 본질이 변하고 있다. 이제는 무엇을 만들 수 있는지가 아니라, 무엇을 상상하고 요구할 수 있는지가 중요하다.

이 변화는 단순한 트렌드가 아니라 인간의 존재 방식 자체를 재정의할 정도의 근본적 변화다. 인간은 호모 파베르, '만드는 인간'으로 정의되어 왔다. 도구를 만들고, 농작물을 재배하고, 건물을 짓는 능력이 인간을 다른 생물과 구분 짓는 특징이었다. 하지만 이제 인간은 호모 페텐스, 즉 '요구하는 인간'으로 진화하고 있다. AI와의 상호작용은 대부분 언어를 통해 이루어진다. 이는 인간의 사고방식에도 영향을 미친다. AI와 로봇이 만드는 일을 담당하면서, 인간은 '무엇을 만들 것인가'가 아니라 '무엇을 요구할 것인가'에 집중하게 되었다.

심리학자 미하이 칙센트미하이는 자신의 능력을 충분히 발휘할 때 몰입과 행복을 경험한다고 했다. Demand it Yourself 시대에서 인간의 행복은 무엇을 직접 만드는 데서 오는 것이 아니다. 자신의 비전과 아이디어를 정확하게 표현하고 이를 AI와 로봇을 통해 실현하는 과정에서 오게 될 것이다.

새로운 시대의 새로운 기술

이러한 변화는 5장에서 살펴본 '요구의 층위'와 직접적으로 연결된다. 과거의 DIY 시대에는 모든 사람이 '만들기'의 기술을 익히는 데 집중했지만 새로운 DIY 시대에는 '요구하기'의 기술을 발전시키는 데 집중하게 되었다.

스마트폰으로 사진을 찍고 편집하는 기술 대신, 원하는 사진을 AI에 정확히 설명하는 기술이 중요해졌다. 프롬프트 엔지니어링이 새로운 직업으로 부상했다. 앤트로픽 Anthropic은 연봉 3억 3천만 원에 프롬프트 엔지니어를 채용했고, 국내에서도 최대 1억 원의 연봉을 내걸고 프롬프트 엔지니어를 공개 채용하는 기업들이 나타났다. 효과적인 프롬프트가 공유되고 거래되는 현상은 이러한 변화를 보여준다.

인간의 정체성도 손이 아니라 입으로, 입에서 뇌로 점점 옮겨 가고 있다. 인간의 생각은 도구와 함께 진화한다. 과거에는 손으로 무엇을 만들 수 있는지가 인간의 가치를 결정했다. 이제는 AI와 로봇을 활용해 무엇을 생각하고 요구할 수 있는지가 인간의 가치를 결정한다. 이는 새로운 계층 구조의 기준이 되고 있다.

민주적 요구의 시대

Demand it Yourself 시대는 기존의 DIY 문화가 가졌던 민주적이고 평등한 측면을 계승하고 있고 동시에 전혀 새로운 방향으로 진화하고 있다. 고정된 기술보다는 유연한 사고와 적응력이 더 중요해진다. '누구나 만들 수 있다'는 슬로건에서 '누구나 요구할 수 있다'로 바뀌면서, 창조의 본질과 인간의 역할에 대한 근본적인 질문을 던지고 있다.

기술은 우리가 무엇을 할 것인가를 결정하지 않고 우리가 무엇을 해야 하는지에 새로운 질문을 던진다. Demand it Yourself 시대는 인간에게 새로운 질문을 던진다.

"너는 무엇을 요구할 것인가?"

이러한 전환은 인류 문명의 새로운 패러다임을 예고한다. 오늘날의 아이들은 틱톡의 필터, 인스타그램의 효과, 스냅챗의 AR 기능과 같은 도구들을 자연스럽게 활용했다. 이제는 DALL-E, ChatGPT와 같은 생성형 AI로 넘어가고 있다. 그들에게 요구하기를 통한 창조는 이미 자연스러운 일상이 되었다. 이제 우리는 Do it Yourself에서 Demand it Yourself로. 만드는 인간에서 요구하는 인간으로. 이는 단순한 변화가 아니라 인류 진화의 새로운 단계다.

일의 시작과 끝은 'Demand'

1970년대 현대자동차 포니 개발 과정을 보자. 디자이너가 스케치했다. 설계자가 도면을 그렸다. 기술자가 프로토타입을 만들었다. 각 개발 과정에서 수개월씩 걸렸다. 그런데 지금은 어떨까?

과거의 일은 명확한 과정을 따랐다. 계획하고, 준비하고, 실행하고, 검토하는 단계가 있었다. 단계마다 인간의 노동과 전문성이 필요했다. 건축가는 설계도를 그렸다. 목수는 나무를 잘랐다. 도장공은 벽을 칠했다. 그러나 AI와 로봇의 시대에 이 모든 과정이 AI와 로봇으로 압축되고 있다. 이제 일의 시작과 끝은 모두 'Demand(요구)'로 수렴하고 있다.

요구 중심 업무의 탄생

우리는 점점 더 '실행의 주체'가 아니라 '요구의 주체'가 되어

가고 있다. Demand it Yourself 시대가 본격적으로 시작된 것이다. 최근 아마존웹서비스AWS가 내놓은 '한국의 AI 잠재력 실현' 보고서에 따르면, 국내 기업의 48%가 이미 AI를 들여왔으며, 이는 2024년보다 20% 늘어난 수치다. 지난 한 해 동안 약 49만 9천여 개 기업이 새롭게 AI 기술을 업무에 쓴 것으로 나타났다.[43]

'프로세스 압축'이라고 부를 수 있는 이 현상은 생산성 측면에서 혁명적이다. 과거에는 아이디어에서 완성품까지 여러 단계를 거쳐야 했다. 여러 사람이 필요했다. 이제는 아이디어를 명확히 표현하는 것만으로도 완성품에 가까워질 수 있다. 2장에서 살펴본 AI와 로봇의 진화론적 생태계는 이러한 프로세스 압축을 가속화하고 있다.

이것은 단순한 업무 방식의 변화가 아니다. 인간 노동의 본질적 재정의다. 'Do'에서 'Demand'로의 전환이다. 가트너 조사에 따르면 AI 코드 어시스턴트를 사용하는 기업 소프트웨어 엔지니어가 2023년 초 10% 미만에서 2028년에는 75%까지 증가할 전망이다.[44]

일의 내용도 변화하고 있다. 과거에는 '무엇을 어떻게 할 것인가'가 일의 핵심이었다. 이제는 '무엇을 왜 해야 하는가'가 핵심이 되고 있다. AI와 로봇은 마치 블랙홀처럼 모든 '어떻게'를 빨아들이고 있다. 어떻게는 이제 AI와 로봇이 되어가고 있다. 하지만

---

43 "국내기업 50만 곳 AI 도입했지만, 절반만 AI 기본법 인지… '양극화 경제 위험신호'", AI Matters(2025. 7. 7.)
44 "가트너, 'AI 코드 어시스턴트 사용 2028년까지 급증' 전망", Acrofan(2024. 4. 15.)

'왜'에 대한 질문은 여전히 인간의 영역으로 남아있다.

요구 시간Demand Time의 등장

자연스럽게 노동시간의 개념도 변화했다. 전통적인 9 to 6 근무 개념은 사라지고 있다. 변화하는 노동환경을 설명하기 위해 새롭게 제안하기 위해 '요구 시간Demand Time'이라는 새로운 개념을 제안한다.

요구시간은 얼마나 오래 일하느냐가 아니다. 얼마나 가치 있는 요구를 하느냐에 따라 측정된다. 이 시스템에서 직원들은 일한 시간이 아니라 다른 기준으로 평가받는다. 다시 말해 생성한 '요구의 가치Demand Value'에 따라 보상받을 것이다.

마이크로소프트 조사에 따르면 개발자가 GitHub 코파일럿(AI 프로그래밍 도우미) 같은 AI 비서를 이용하면 작업 시간을 절반으로 줄일 수 있다. 예를 들어 한 직원이 5분 만에 한 탁월한 요구가 8시간 동안 여러 개의 평범한 요구를 한 것보다 더 높게 평가받을 수 있다.

'요구 중심의 일'은 전통적인 경제 이론에도 도전한다. 경제학의 아버지라 불리는 애덤 스미스가 《국부론》에서 제시한 이래, 경제학은 노동을 '생산적 활동'으로 정의해왔다. 하지만 인간의 노동이 무용해진 시대에서 노동의 정의가 바뀌고 있다. 생산적인 활동이라는 표현은 더 이상 이 시대에 맞지 않는다. 요구 중심의 일은 요구를 통해 AI와 로봇을 통제하고 관리하는 활동으로 정의하는 것이 바람직하다.

워크-라이프 블렌딩과 공간의 해방

요구 중심의 일은 일과 삶의 경계도 모호해졌다. 과거에는 공장이나 사무실에 출근해야 일 할 수 있었다. 하지만 이제는 언제 어디서나 요구할 수 있다. 이런 변화는 '워크-라이프 블렌딩(Work-Life Blending)'이라는 새로운 현상을 낳았다. 일과 삶이 분리되지 않고 완전히 섞이는 현상이다. 이는 기존의 워크-라이프 밸런스(Work-Life Balance) 개념을 넘어선다. 일과 삶이 균형을 이루는 것이 아니라 아예 하나로 섞이는 것이다.

한국의 재택근무자는 약 96만 명으로 전체 근로자의 4.4%를 차지한다. 글로벌 조사에 따르면 재택 근무 직원 중 40%가 전통적인 사무실 환경으로 돌아가고 싶지 않다고 응답했다. 이는 단순한 선호를 넘어선 근본적 변화를 의미한다.

또 원격 근무의 형태도 다양해지고 있다. 원격 근무자의 84%는 자택에서, 8%는 코워킹 스페이스에서, 4%는 카페에서 근무한다. 이제 일터는 고정된 장소가 아니라 요구를 생성하고 전달할 수 있는 모든 공간이 될 수 있다.

많은 직장인이 경험하고 있듯이, 요구 중심의 업무는 업무 시간과 개인 시간의 경계를 점점 더 모호하게 만든다. 언제 어디서나 AI에 요구할 수 있다는 의미는 크다. 업무가 더 이상 특정 시간과 장소에 얽매이지 않는다는 것이다. 하지만 이러한 변화에는 새로운 도전도 따른다. 기업의 60%가 원격 근무 도입 후 조직 문화 유지를 기업의 해결하기 어려운 과제로 인식하고 있기 때문이다. 언제든 일할 수 있다는 것은 반대로 언제든 일해야 할 수도 있다는 압박으로 작용하기 때문이다.

AI를 위해 일하는 인간 vs AI가 나를 위해 일하는 인간

Demand가 일의 전부가 되는 세계에서, 인간의 가치는 어디에서 찾을 수 있을까? 단순한 요구는 누구나 할 수 있다. 하지만 깊고 의미 있는 요구는 다르다. 풍부한 경험과 통찰, 그리고 명확한 비전에서 비롯된다.

이 변화는 현실 세계에서 이미 나타나고 있다. 디자인 분야에서는 디자이너가 직접 모든 요소를 만드는 것이 아니다. AI 도구에게 어떤 디자인을 원하는지 요구하는 방향으로 변화하고 있다. 프로그래밍에서는 개발자가 모든 코드를 작성하는 것이 아니다. AI 코파일럿에게 어떤 기능을 원하는지 요구하는 방식으로 바뀌고 있다.

AI와 로봇은 앞으로 모든 '어떻게'를 담당하며 효율성을 극대화할 수 있다. 하지만 이 모든 '어떻게'를 이끌어가는 요구 뒤에 숨겨진 '왜'에 대한 본질적인 답을 내놓는 것은 여전히 인간의 영역이다. AI가 만들어낸 결과물을 단순히 받아들이는 것을 넘어 이를 평가하고 조정하며 우리가 원하는 방향과 일치하는지 판단하는 능력 또한 인간 고유의 몫이다. 필요에 따라 AI에 요구하는 바를 섬세하게 재조정하는 것도 마찬가지다.

이러한 맥락에서 'AI를 위해 일하는 인간'과 'AI가 나를 위해 일하는 인간'의 구분은 결국 어떻게 AI에 본질적인 질문과 방향성을 제시하며 요구하는가의 문제로 귀결된다. AI에 단순히 반복적인 지시를 받고 수행하는 이들이 있는 반면, AI에 창의적이고 변혁적인 요구를 던지며 새로운 가치를 만들어내는 이들도 있다. 이 두 유형의 인간 사이에서 생산성과 역할의 격차는 앞으로 점점 더 벌어질 것이다.

'Needs'와 'Demamd'의 상관관계

배고픈 아이가 부모에게 간식을 달라고 하거나, 밥을 달라고 말한다. 배고픔이라는 필요에서 나온 전혀 다른 요구 '간식과 밥'이다. AI와 로봇의 시대에는 이 차이가 당신의 운명을 결정한다.

Needs와 Demand의 차이점

인간의 필요와 요구는 얼핏 비슷해 보이지만, 인공지능과 로봇의 시대에서 이 두 개념은 분명한 차이를 갖는다. 마케팅의 아버지 필립 코틀러는 《마케팅 관리론》(2023)에서 인간의 필요를 "기본적 만족의 결핍 상태"로 정의했다. 의식주, 안전, 소속감, 존경 등이 여기에 해당한다. 반면 요구는 "구매력을 갖춘 특정 제품에 대한 욕구"로 구분했다.

    같은 필요도 다양한 형태의 요구로 표현될 수 있다. 배고픔이라는 같은 필요에서도 어떤 사람은 라면을 또 다른 사람은 김치찌개를 요구한다. 필요는 모호하고 내면적이다. "나는 배고프다"는 여러 방식으로 충족될 수 있다. 반면 요구는 구체적이고 외향적이다. "라면이나 김치찌개를 주문해 줘"라는 요구는 더 명확한 행동으로 표현된다.

    넷플릭스는 사용자의 "지루해"라는 모호한 필요를 "당신이 좋아할 만한 드라마 3편"이라는 구체적 요구로 바꿨다. 실제로 이용자 대부분이 넷플릭스의 추천 콘텐츠를 시청한다는 것이 이를 증명한다. 마찬가지로 카카오택시는 "이동이 필요해"라는 필요를 "3분 내 도착 예정인 택시 호출"이라는 즉시 실행 가능한 요구로 변환했다. 서비스 출시 이후 꾸준히 증가하는 이용자 수가 이 변환의 성공을 보여준다.

매슬로우 욕구 이론으로 바라본 요구의 다양한 얼굴

    매슬로우의 욕구 모델에 따라 요구의 성격도 달라진다.

    1-2단계(생리적·안전 필요)에서 비롯된 요구는 직접적이고 즉각적이다. "배고프니 음식을 가져와 줘", "목이 마르니 물 한 잔 줘", "보안시스템을 점검해 줘", "안전한 통학로를 알려줘"가 여기에 해당한다.

    3-4단계(소속감·존경 필요)의 요구는 관계적이고 사회적 맥락

을 고려한다. "친구들과 어울릴 수 있는 모임을 주선해 줘", "내 업무 성과에 대한 피드백을 줘", "전문성을 인정받을 수 있는 자격증 취득 계획을 세워줘"와 같은 형태로 나타난다.

반면, 자아실현의 필요에서 비롯된 요구는 복잡하다. 장기적인 성격을 띤다. "나의 창의적 잠재력을 최대한 발휘할 수 있는 예술작품 창작 과정을 설계해 줘", "내 인생의 진정한 목적을 찾는 여정을 도와줘", "사회에 의미있게 기여할 방법을 제시해 줘"가 이에 해당한다.

인간의 필요는 종종 복잡하고 다층적이다. 매슬로우의 필요 계층을 생각해보면, 하나의 행동이 여러 층위의 필요를 동시에 충족시킬 수 있다. 친구들과의 저녁 식사는 생리적 필요(음식), 소속감의 필요(사회적 연결), 그리고 때로는 존경의 필요(사회적 인정)까지 충족시킨다.

인공지능과 로봇의 시대에서 이러한 변환 능력은 새로운 형태의 전문성이 되고 있다. '요구의 층위'와 연결하여 생각해 보면, 기초적 요구는 단순한 필요의 표현에 불과하다. 하지만 창의적 요구와 변혁적 요구는 복잡한 필요를 종합하고 재해석하는 과정을 거친다.

필요를 요구로 변환하는 과정에서 인간의 고유한 능력이 빛을 발한다. 우리는 문화적 맥락을 고려하고 개인적 경험을 반영하며, 사회적 규범까지 종합적으로 고려하여 동일한 필요를 상황에 맞게 다르게 표현할 수 있다. 예를 들어, 인정받고 싶은 욕구 하나만 살펴봐도 그 변환 능력의 정교함을 확인할 수 있다. 직장에서는 "내 업무 성과에 대한 피드백을 주세요"라는 전문적이고 객관적인 요구로 표현되지만, 친밀한 관계에서는 "내가 얼마나 중요한 존재인지 말해줘"라는 더욱더 감정적이고 직접적인 요구로 나타난다.

창의적 재해석의 힘

흥미로운 점은 AI가 발전함에 따라 Needs와 Demand의 간극이 줄어들고 있다는 것이다. 초기의 AI는 매우 구체적인 요구만 처리할 수 있었다. 현대의 AI는 점점 더 모호한 필요도 해석할 수 있게 되고 있다. "나 우울해"라는 모호한 진술에도 AI는 빵을 주문하거나 음악을 추천하거나, 기분 전환 활동을 제안한다.

하지만 이것이 인간의 역할을 완전히 대체하는 것은 아니다. AI는 표면적인 필요만 해석할 수 있지만 그 기저에 있는 깊은 욕구나 가치는 아직 이해하지 못한다. 진정한 인간의 필요는 단순한 욕망을 넘어서 의미, 연결, 성장, 기여와 같은 깊은 심리적, 정신적 차원을 포함한다.

아직까지는 인간만이 필요의 깊은 통찰을 할 수 있다. 우리는 자신의 필요가 어디서 왔는지 안다. 무엇을 의미하는지 이해한다. 어떤 방식으로 충족되어야 진정한 만족감을 줄 수 있는지를 직관으로 파악한다. 이런 복잡한 자기 이해는 자동화 기술이 아직 완전히 모방할 수 없는 인간 고유의 영역이다.

더 중요한 것은, 인간은 필요와 요구 사이의 관계를 창의적으로 재구성할 수 있다는 점이다. 때로는 하나의 요구가 여러 필요를 동시에 충족시킬 수 있도록 설계한다. 때로는 필요 자체를 재해석하여 완전히 새로운 형태의 요구를 창출한다. 이런 창의적 재해석은 기계가 아직 스스로 할 수 없는 부분이다. 이것이 바로 무용한 인간이 여전히 의미 있는 역할을 할 수 있는 지점이다. 우리는 필요의 깊이와 다양성을 이해한다. 이를 인공지능과 로봇에게 전달할 수 있는 요구로 변환하는 통역사가 될 수 있다.

새로운 통역사의 역할

우리는 더 이상 모든 것을 직접 만들지 않는다. 실행하지도 않는다. 하지만 인간의 필요를 이해하고 이를 자동화 기술이 이해할 수 있는 언어로 변환하는 중요한 역할을 담당한다.

필요에서 요구로의 변환 능력은 앞으로 더욱 가치 있는 기술이 될 것이다. 우리가 인공지능과 로봇에게 더 많은 실행 업무를 위임할수록, 우리의 진정한 필요가 무엇인지 명확히 이해하는 것이 중요해진다. 이를 효과적인 요구로 표현하는 능력이 더욱 중요해질 것이다. 이는 단순한 기술적 능력이 아니라 자기 이해, 공감, 창의성, 명확한 커뮤니케이션이 결합된 복합적 역량이다.

무용한 인간의 시대에, 우리는 더 이상 실행하는 사람이 아니라 왜 실행해야 하는지 아는 사람이다. 우리는 더 이상 만드는 사람이 아니라 무엇을 만들어야 하는지 아는 사람이다. 이것이 바로 필요와 요구 사이의 통역사로서 인간이 갖는 새로운 역할이다.

욕구 단계	필요(Needs)의 특성	요구(Demand)의 특성	구체적 예시
1단계: 생리적 욕구	• 즉각적, 생존 필수 • 명확하고 구체적 • 개인차 적음	• 직접적이고 단순 • 즉시 충족 필요 • 표준화 가능	"배고프니 음식 주문해 줘" "목마르니 물 가져와 줘" "추우니 난방 켜줘"
2단계: 안전 욕구	• 예측 가능성 추구 • 위험 회피 • 안정성 중시	• 예방적 성격 • 장기적 관점 • 시스템적 접근	"집 보안시스템 설치해 줘" "의료보험 추천해 줘" "안전한 투자상품 찾아줘"
3단계: 소속감/사랑 욕구	• 관계 지향적 • 감정적 연결 • 사회적 맥락 중요	• 상호작용 기반 • 맥락 의존적 • 개인화 필요	"친구들과 모임 장소 예약해 줘" "데이트 코스 추천해 줘" "우리 팀 단합 활동 기획해 줘"
4단계: 존경 욕구	• 성취와 인정 • 사회적 지위 • 자존감 향상	• 성과 지향적 • 차별화 추구 • 브랜드 중시	"내 전문성을 보여줄 프레젠테이션 만들어줘" "프리미엄 브랜드 제품 추천해 줘" "나의 성과를 어필할 포트폴리오 작성해 줘"
5단계: 자아실현 욕구	• 개인적 성장 • 창의성 발휘 • 의미와 목적 추구	• 고도로 개인화 • 창의적이고 복합적 • 철학적 차원 포함	"나만의 독창적인 예술작품 창작 과정을 설계해 줘" "내 인생의 진정한 목적을 찾는 여정을 계획해 줘" "사회에 기여 할 수 있는 의미 있는 프로젝트를 제안해 줘"

매슬로우 욕구 단계별 요구의 특성

모든 시도의 한계비용이 '0'으로 수렴하는 시대

10년 전, 영화 한 편을 만들려면 최소 수억 원이 필요했다. 지금은 스마트폰과 AI로 충분하다. 심지어 배우도 필요 없다. AI가 완벽에 가까운 가상 배우를 만들어준다. 시도의 한계비용이 0에 가까워진 세상이다.

리프킨의 예언, 현실이 되다

2014년, 미래학자 제러미 리프킨은 놀라운 예측을 했다. 그는 기술 발전으로 인해 물건과 서비스를 생산하는 한계비용이 거의 0에 가까워질 것이라고 주장했다. 당시만 해도 이 예측은 다소 과장되어 보였다. 하지만 10년이 지난 지금, 우리는 리프킨의 예측이 현실이 되었음을 목격하고 있다. 그가 예상한 것보다 훨씬 더 광범위하게 적용되고 있다.

AI와 로봇의 시대, 무용한 인간의 시대에서는 시도의 한계비용이 거의 0으로 수렴하고 있다. 여기서 '시도'란 새로운 아이디어를 실험하는 모든 활동을 의미한다. 제품을 개발하고 서비스를 창출하는 것도 포함된다.

과거 제조업 시대에는 한계비용이 상당했다. 자동차 한 대를 추가로 만들려면 철강, 고무, 플라스틱 등 원재료가 필요했다. 하지만 디지털 시대에는 상황이 달라졌다. 넷플릭스가 드라마 제작 시설을 구축하는 데는 수백억 원이 든다. 하지만 이미 제작된 드라마를 한 명의 시청자에게 추가로 스트리밍해 주는 데는 거의 비용이 들지 않는다.

AI 시대는 이 현상이 더욱 극명해 진다. AI 모델을 개발하는 데는 막대한 비용이 든다. 하지만 완성된 AI를 활용해 콘텐츠의 초안을 작성하거나, 디자인 시안을 생성하는 데는 과거에 비해 현저히 적은 비용이 든다. 물론 여전히 서버 비용과 전력비, 그리고 인간의 기획과 검수 작업이 필요하다. 하지만 과거 전문가 한 명이 며칠에서 몇 주 걸리던 작업을 몇 시간 만에 시도해 볼 수 있게 되었다. 바로 이런 이유로 시도의 한계비용이 대폭 줄어들고 있다는 것이다.

디지털 창작의 혁명

웹툰 산업의 변화가 이를 잘 보여준다. 과거라면 미대를 나와야 했을 일이다. 지금은 아이디어만 있으면 된다. AI 웹툰 제작 플랫폼 딥툰DEEPTOON, 투툰TOOTOON 같은 서비스가 그 예다. 시나리오만 있으면 AI가 배경을 모두 그려주고 심지어 캐릭터도 만들어준다.

실제로 네이버웹툰의 AI 페인터 같은 도구를 활용하면, 작가가 색을 선택하고 터치하기만 하면 AI가 그림에 색을 입혀준다. 독자 반응도 실시간으로 확인할 수 있다. 과거에는 출판사를 찾아다니며 투고해야 했고 인쇄비와 유통비가 필요했다. 하지만 지금은 플랫폼에 바로 업로드하면 모든 생산과 유통비용은 바로 시작된다.

미디어 업계에서는 AI를 활용해 다양한 콘텐츠 아이디어를 시뮬레이션할 수 있다. 한 번의 요구로 수천 개의 서로 다른 스토리라인을 생성한다. 각각에 대한 시청자 반응을 예측한다. 추가 시도 비용이 거의 들지 않는다. 창의적 실험의 범위가 엄청나게 확장되었다.

시도의 한계비용 제로 현상의 확산

이런 변화는 리프킨이 예측한 '한계비용 제로 사회'의 확장판이다. 리프킨은 주로 재생에너지, 3D 프린팅, 사물인터넷을 통한 제조 비용 감소에 초점을 맞췄다. 하지만 AI와 로봇의 시대에서는 단순히 제조 비용만이 아니다. '시도'와 '상상'의 비용까지 0으로 수렴하고 있다.

시도의 한계비용이 0으로 수렴한다는 것은 누구나 혁신가가 될 수 있다는 의미다. 더 이상 실패의 두려움 없이 자유롭게 실험할 수 있다. 이는 인류 역사상 전례 없는 혁신의 폭발로 이어질 가능성이 있다.

실제로 시도의 한계비용 제로 현상은 새로운 형태의 디지털 장인Digital Artisan을 탄생시키고 있다. 이들은 대규모 자본 없이도 자신만의 제품과 서비스를 개발한다. AI와 로봇에 요구함으로써, 과거에는 상상할 수 없었던 규모의 창의적 실험을 한다. Needs와 Demand의 관계에서도, 인간의 필요를 반영한 요구는 의미 있는 시도의 원천이 된다.

교육과 인간 존재의 변화

시도의 한계비용 제로 현상은 교육에도 혁명적 변화를 가져온다. 과거의 교육은 '어떻게 하는지(How-to)'를 가르치는 데 중점을 두었다. 하지만 이제는 '무엇을 시도할 가치가 있는지(What-to-try)'를 가르치는 것이 더 중요해졌다. AI가 대부분의 기술적 실행을 대신해 주는 세상에서, 진정한 교육은 의미 있는 시도를 선택하는 능력을 기르는 것이다.

아이러니한 점은 시도의 한계비용이 0인 시대에서 많은 사람이 여전히 시도하기를 두려워한다는 것이다. 많은 사람은 '모든 것이 이미 시도되었다'는 압박감을 느낀다. 하지만 이는 착각이다. 시도의 한계비용이 0으로 수렴하는 세계에서는 어떤 시도도 그 자체로 가치를 가질 수 있다. 한나 아렌트는 인간의 본질을 '시작하는 능력'이라고 보았다. 시도의 한계비용 제로 시대에서, 시작하는 능력은 더욱 중요해진다. 모든 것이 시도 가능한 세상에서, 무엇을 시작할지 결정하는 능력이 인간의 본질적 가치가 된다.

무용한 인간의 새로운 의미

시도의 한계비용 제로 현상은 무용한 인간에게 새로운 의미를 부여한다. 생산 능력은 이제 가치가 없을지 모른다. 하지만 의미 있는 시도를 선택하는 능력은 더욱 중요해졌다. 무용한 인간의 시대에, 우리는 더 이상 만드는 사람이 아니라 무엇을 만들어야 하는지 아는 사람이다. 더 이상 실행하는 사람이 아니라 왜 실행해야 하는지 아는 사람이다. 이것이 바로 시도의 한계비용이 0

인 세상에서 인간이 갖는 새로운 존재 방식이다. 무한한 가능성 중에서 '의미 있는 것'을 선택하는 능력. 이것이 우리의 새로운 가치다.

무용한 것의 가치

손으로 글씨를 쓴 손 편지 서비스가 인기를 끌고 있다. AI가 완벽한 글씨를 쓸 수 있는 시대에 말이다. 왜 사람들은 삐뚤빼뚤한 손 편지에 돈을 낼까? 생산성 측면에서 오히려 무용해 보이는 것이 가장 귀한 것이 된 세상이다.

유용함이 자동화된 세상의 새로운 법칙

아이러니하게도, 유용함이 자동화된 세상에서 무용하다 여겨지던 것들의 가치가 높아지고 있다. AI와 로봇이 효율성과 생산성의 영역을 장악하기 시작했다. 비효율적이고 비생산적인 것들이 새로운 의미를 갖게 되었다. 이것이 바로 '무용한 것의 가치'이다.

시도의 한계비용 제로 현상과 연결해 생각해 보자. 모든 시도가 거의 무료로 가능해진 세상에서, 역설적으로 비효율적인 시도가 더 큰 가치를 갖는다. Demand it Yourself 시대에서 우리가 요구하는 것은 이제 효율성이 아니다. 인간만의 고유한 무용함이다.

인류 역사에서 '쓸모없는 것'은 종종 경멸의 대상이었다. 생존이 불확실했던 시대에는 모든 것이 실용적인 목적을 가져야 했다. 하지만 이제 AI와 로봇이 모든 유용한 기능을 더 효율적으로 수행한다. 어떻게 보면 이러한 변화로 인간에게는 오히려 무용한 것을 추구할 수 있는 자유가 생겼다.

우리 삶 속에서 무용한 것의 가치는 다양하다. 종교, 철학, 예술, 자연, 인간관계, 사랑, 아름다움. 우리에게 소중한 가치였지만 우리는 그것을 떠나 스스로 도구적 존재로 얽매었던 것은 아닐까?

의도적 불완전함의 가치

예술의 영역을 생각해 보자. 예술은 본질적으로 생산성 측면에서 무용한 활동이다. 그림을 그리는 것, 악기를 연주하는 것, 시를 쓰는 것은 직접적인 생산 활동과는 관련이 없다. 하지만 이런 무용한 활동들이 인간 존재에 깊은 의미와 가치를 부여한다.

피카소는 어린 시절 이미 뛰어난 모사 능력을 갖추고 있었다. 13세 경에는 이미 완벽에 가까운 사실적 그림을 그릴 수 있었다. 하지만 그의 성인기 작품은 오히려 덜어내고 단순화시키는 전략을 사용했다. 피카소가 천재인 이유는 완벽한 모사를 익히고 그것을 벗어나 진정한 자유를 얻었기 때문이다. 그는 의도적으로 불완전함을 선택했다. 그 불완전함이 바로 그만의 가치였다. AI가 기능적인 예술 작품을 생성할 수 있게 되면서, 인간의 '비효율적이고 불완전한' 예술 활동은 오히려 더 큰 가치를 갖게 되었다.

tvN 드라마 〈미스터 션샤인〉(2018)에서 극중 인물 김희성은 이렇게 말했다. "내 원체 이리 아름답고 무용한 것들을 좋아하오. 달, 별, 꽃, 바람, 웃음, 농담" 극중 인물이기는 하지만 김희성과 같이 인간이 유용했던 시절에도 여전히 무용한 것에 대한 가치를 알고 있었던 사람들이 있었다. 그들은 시대를 앞서 무용함의 진정한 의미를 이해했던 것이다. 우리는 삶 속에서 사소한 것들의 의미를 발견할 때가 있고 사소한 존재들의 의미를 알아볼 때가 있다. 아무것도 아닌 줄 알았던 것들이 의미 있다는 걸 알 때 우리의 일상에 소소한 기쁨이 찾아든다. 이것이 인간이 무용해진 시대에 인간의 삶을 그려볼 수 있는 힌트다.

무용한 것이 가치를 얻는 세 가지 이유

무용함은 단순한 결핍이 아니라 의식적인 선택이 될 수 있다. 우리는 일부러 비효율적인 방식을 선택해서 자신의 인간성을 표현하고, AI와 차별화된 가치를 창출할 수 있다. 무용한 것이 가치를 얻는 이유는 무엇일까?

첫째, 진정성 Authenticity이다. 인간은 완벽함보다 진정성에 더 큰 가치를 부여한다. AI와 로봇은 완벽한 제품을 만들 수 있다. 하지만 인간만이 실수와 불완전함을 통해 진정성을 표현할 수 있다. 실제로 손 편지 서비스가 인기를 끄는 이유가 여기에 있다. 정성스러운 손 글씨에서 사람들은 기계가 줄 수 없는 따뜻함을 느낀다.

둘째, 의도적 희소성 Intentional Scarcity이다. AI와 로봇은 필요한 만큼 무한히 복제할 수 있다. 하지만 인간의 시간과 노력은 본질적으로 제한되어 있다. 따라서 인간이 직접 만든 것은 항상 희소할 수밖에 없다.

셋째, 의미 Meaning를 담을 수 있다. AI와 로봇은 기능적으로 완벽한 제품을 만들 수 있다. 하지만 의미를 부여하는 것은 인간만의 영역이다. AI가 손 편지를 완벽하게 모방할 수 있다. 기계가 편지를 더 빠르게 쓸 수 있다는 것을 모두 알고 있다. 그럼에도 사람들은 직접 손으로 쓴 편지에 기꺼이 돈을 쓴다. 그들이 구매하는 것은 단지 글자가 아니다. 시간과 노력, 그리고 그 과정에 담긴 인간적 의미이다.

이런 현상은 단순히 생산 능력의 부재로써의 무용함이 아니라 의식적 선택으로서의 무용함이 새로운 가치 체계를 형성한다. 우리가 무엇을 생산하느냐보다 우리가 어떤 '무용한' 가치를 추구하느냐가 중요해진다.

다른 사람의 시간을 뺏거나, 관리하거나, 함께하거나

한 직장인의 하루를 들여다보자.

오전 9시, 그는 출근해서 AI에 보고서 초안 작성을 요청한다. 과거라면 3시간이 걸렸을 일이 30분 만에 끝난다. 오후 2시, 회의 자료 준비도 AI가 대신한다. 1시간이면 충분하다. 오후 4시, 데이터 분석 업무마저 AI에 맡긴다. 결국 그는 8시간 근무시간 중 실제로는 2시간만 일했다. 나머지 6시간은 무엇을 해야 할까?

삼성 SDS 연구에 따르면, 생성형 AI를 활용하는 직장인들은 주당 평균 7.8시간의 업무 시간을 절약할 수 있다고 한다. 이는 하루 전체에 해당하는 시간이다. AI의 활용만으로도 주 4일 근무제가 충분히 가능한 수준에 도달했다는 의미다.

무용한 인간의 시대에서 우리에게 주어진 가장 큰 자원은 바로 '시간'이다. AI와 로봇이 노동 영역을 대체하면서, 인간에게는 이전보다 훨씬 많은 자유 시간이 주어지고 있다. 문제는 이 시간을 어떻게 사용할 것인가다.

AI가 노동을 대체하면서 인간에게 주어진 자유 시간. 이 시간은 주로 활동 영역에서 사용된다. 활동의 핵심은 다른 사람과 함께 하는 것, 예측 불가능한 상호작용, 새로운 것을 시작하는 힘이다. AI와 로봇 시대의 시간 활용 방식을 보면, 이 모든 것이 '활동'의 영역에서 일어나고 있음을 발견할 수 있다. 혼자는 불가능하고, 타인과의 관계 속에서만 의미를 갖는 일들이다.

활동으로서의 세 가지 시간 방식

현재 우리 주변에서 나타나는 시간 활용 방식을 보면, 크게 세 가지 패턴으로 구분된다. 모두 타인과의 관계 속에서 이루어지는 활동의 서로 다른 형태들이다.

첫째, 시간을 뺏는 방식은 다른 사람의 시간을 '포획'하는 것처럼 보이지만, 실제로는 복잡한 상호작용이다. 넷플릭스, 유튜브, 틱톡을 보자. 콘텐츠 제작자는 시청자의 반응을 보며 내용을 조정한다. 시청자는 댓글과 좋아요로 응답한다. 예측 불가능한 상호작용이 계속해서 새로운 콘텐츠를 만들어낸다. 시간을 뺏는 방식은 '남아도는 시간의 홍수'에 갇힌 사람들에게 시간을 소모할 공간을 만들어 준다.

리드 헤이스팅스 넷플릭스 대표는 "우리의 가장 큰 경쟁자는 수면"이라고 말했다. 하지만 이는 단순히 시간을 빼앗는 것이 아니다. 시청자에게 몰입과 즐거움을 제공하는 활동이다. BTS 같은 스타들의 가치도 개인의 재능보다는 팬들과의 상호작용, 함께 만들어가는 이야기에 있다.

둘째, 시간을 관리하는 방식은 퍼스널트레이닝, 생활 코칭, 학습 플랫폼이 대표적이다. 이들의 핵심은 시스템이나 기술이 아니라 인간적 관계다. PT 트레이너는 단순히 운동 방법을 가르치지 않는다. 고객과 신뢰 관계를 맺고, 격려하며, 개인의 변화 과정을 함께 한다. 바디 프로필을 촬영하는 시기에는 오히려 식단, 운동량, 체중 등을 철저하게 관리한다. 유용함의 세계인 회사에서 이런 관리를 한다면 원망과 불평을 넘어 그 관리자를 노동청에 신고했을 것이다. 하지만 생산성 측면에서 무용한 활동인 PT에서는 오히려 그런 통제가 감사하게 여겨진다.

많은 사람들이 스스로 시간을 구조화하는 능력을 상실해가고 있다. 이때 필요한 것은 기계적 시스템이 아니라 인간적 관계다.

라이프 코치는 예측 불가능한 대화를 통해 새로운 관점을 제시하고, 혼자서는 발견할 수 없었던 잠재력을 끌어낸다.

셋째, 시간을 함께하는 방식은 스포츠, 커뮤니티 활동, 축제가 해당한다. 손흥민 선수가 높은 연봉을 받는 이유는 축구 기술보다도 수백만 명이 그의 경기를 보며 함께 감정을 공유하기 때문이다. 스포츠 경기에서는 결과를 예측할 수 없고, 선수와 관중 사이에 복잡한 상호작용이 일어나며, 그 순간에만 가능한 독특한 경험이 탄생한다.

또 여가 시간에 여러분들은 로봇 또는 친구 중에 누구와 함께 산책을 즐길 것인가? 대부분의 선택은 친구일 것이다. 반대로 바쁘고 힘든 일은 누구와 처리할 것인가? 대부분의 답은 로봇일 것이다. 바쁘고 힘든 일 즉 유용함이 필요한 일에서는 로봇을 찾지만, 시간을 함께 보내고 정서적 교류가 필요한 일에서는 인간을 선택할 가능성이 크다. 결국 무용한 시대의 인간은 시간을 함께하는 가치가 더 중요해진다.

모든 것이 '활동'인 이유

이 세 가지 방식이 모두 한나 아렌트가 말했던 '활동'에 속하는 이유는 명확하다.

첫째, 복수성이다. 혼자서는 불가능하다. 반드시 다른 사람과의 관계 속에서만 의미를 갖는다. 콘텐츠 제작자에게는 시청자가 필요하다. 코치에게는 클라이언트가 필요하다. 스포츠 선수에게는 관중이 필요하다.

둘째, 예측 불가능성이다. 미리 계획할 수 없다. 상대방의 반응에 따라 계속 변화한다. 유튜버는 댓글을 보며 다음 영상을 기획한다. PT 트레이너는 고객의 상태에 따라 운동 방법을 조정한다. 축구 경기는 매번 다른 드라마를 만든다.

셋째, 새로운 시작의 힘이다. 기존에 없던 것을 만들어낸다. 새로운 콘텐츠, 새로운 습관, 새로운 경험. 이 모든 것이 인간과 인간의 만남에서 탄생한다.

활동적 삶을 향한 새로운 가능성

AI가 노동을 대체하는 시대에, 인간에게 남은 것은 활동의 영역이다. 하지만 이것은 상실이 아니라 기회다. 인간 본연의 능력을 발휘할 수 있는 영역이 확대된 것이다. 생산성이 중요했던 과거에는 활동의 가치가 제대로 인정받지 못했다. 이제는 다르다. 사람들의 시간에 의미 있는 영향을 미치는 능력이 가장 중요한 자산이 되었다.

중요한 것은 무용해진 세상에서 우리가 어떻게 다른 사람들의 시간에 영향을 미치고 싶은지를 의식적으로 선택하는 것이다. 그리고 다른 사람들이 우리의 시간에 어떻게 영향을 미치기를 원하는지를 명확히 하는 것이다. 또 타인의 시간에 가치를 더하는 방식으로 상호작용한다면 어떨까? 그것이 바로 무용한 인간이 새롭게 찾아낸 유용함의 형태가 될 수 있다. 이는 단순히 시간을 효율적으로 사용하는 것을 넘어선다. 시간을 통해 의미와 가치를 창출하는 새로운 방식이다.

무용한 인간의 시대에, 우리는 시간의 새로운 의미를 발견하고 있다. 생산성을 위한 시간이 아니라 관계와 경험을 위한 시간, 효율성을 추구하는 시간이 아니라 진정성을 탐구하는 시간 말이다. 하지만 활동만으로는 완전하지 않다. 아렌트가 말했듯이, 노동, 작업, 활동이 조화를 이룰 때 진정한 활동적 삶이 가능하다. AI가 노동을 담당하는 시대에, 인간은 작업과 활동에서 의미를 찾아야 한다.

모든 것을 자동화한 시대에서의 '핸드메이드'의 가치

최근 커피 업계에서 흥미로운 현상이 나타나고 있다. AI가 완벽하게 추출한 커피와 바리스타가 손으로 내린 커피가 같은 매장에서 판매된다. 둘 다 맛은 비슷하다. 하지만 가격은 두 배 차이가 난다. 손으로 내린 커피 앞에는 긴 줄이 서 있다. "AI 커피도 맛있지만, 바리스타가 직접 내려준 커피에는 뭔가 다른 느낌이 있어요." 한 고객의 말이다. 무엇이 이런 차이를 만드는 걸까?

우리는 이미 대부분의 생산 과정을 자동화할 수 있는 기술을 보유하고 있다. 3D 프린터는 복잡한 구조의 제품을 몇 시간 만에 제작한다. AI는 개인 맞춤 디자인을 순식간에 생성한다. 로봇은 정밀한 조립 작업을 인간보다 정확하게 수행한다. 그런데 역설적인 현상이 일어나고 있다. 자동화가 가능한 시대에서 핸드메이드에 더 큰 가치가 부여되었다. 이는 단순한 경제 현상이 아니다. 인간 존재의 근본적 의미와 연결되어 있다.

'활동'이 시간의 새로운 활용법이라면, '작업'은 무엇을 남길 것인가의 문제다. AI가 모든 것을 자동화한 시대에 핸드메이드가 주목받는 이유도 여기에 있다. 핸드메이드는 작업과 활동이 만나는 지점에 있다. 아렌트가 말한 작업의 본질 즉 영속적 가치를 지닌 객체를 창조하는 행위가 바로 여기서 구현된다. 동시에 앞 절에서 본 활동의 특성 즉 타인과의 관계, 예측 불가능한 상호작용도 함께 나타난다.

핸드메이드가 가치를 갖는 이유

- **영속성을 창조하는 작업**

기계가 만든 제품이 오히려 완벽하지만 문제는 똑같다는 점이다. 반면 인간이 만든 제품은 각각 다르고 미세한 차이가 있다. 이 차이가 바로 영속성을 만든다.

에르메스 장인들이 가죽가방을 만드는 과정을 보자. 기계로도 충분히 만들 수 있다. 하지만 장인은 굳이 손으로 만든다. 가방 하나에 수십 시간을 투입한다. 그 결과 세상에 하나뿐인 제품이 탄생한다. 일본의 전통 도자기 장인도 마찬가지다. 기계로 완벽한 찻잔을 만들 수 있다. 하지만 장인은 손으로 빚는다. 불완전한 모양과 미세한 홈집이 오히려 더 높은 가치를 인정받는다.

- **인간과 인간을 연결하는 다리**

　핸드메이드 제품을 구매하는 것은 단순한 소비가 아니다. 만든 사람과 사용하는 사람 사이의 연결이다. 앞 절에서 본 활동의 특성이 바로 여기서 나타난다. 고객이 핸드 드립 커피를 마실 때 경험하는 것을 생각해 보자. 단순히 내려진 커피만 마시는 것이 아니라 바리스타의 정성과 기술을 느낀다. 그 과정에서 눈에 보이지 않는 인간과 인간의 연결이 일어난다.

　온라인 수제품 쇼핑몰에서도 이런 현상을 볼 수 있는데 구매자들은 제품 후기에 단순한 품질 평가만 남기지 않는다. 작가와의 소통을 원하고 제작 과정에 대한 궁금증을 표현한다. 이런 상호작용이 독특한 가치를 만든다.

- **시간의 축적이 만드는 의미**

　핸드메이드에는 시간이 축적되어 있다. 기계는 빠르게 생산하지만, 인간의 손은 기계에 비해 천천히 움직인다. 장인이 하나의 제품을 완성하는 데 걸리는 시간을 생각해 보자. 그 시간 동안 장인의 경험과 감정이 제품에 스며든다. 구매자는 그 시간을 함께 소유하게 된다.

　이것이 AI 시대에 핸드메이드가 갖는 독특한 의미다. 효율성이 최고 가치인 시대에, 비효율적인 과정이 오히려 더 큰 가치를 창출한다.

- **기존의 가치를 넘어서는 경제력**

　핸드메이드의 가치는 경제적 측면을 넘어선다. 그것은 인간이 '활동적 삶'을 살아갈 수 있는 새로운 가능성을 제시한다. AI가 노동 영역을 대체하는 시대다. 많은 사람이 일자리를 잃을 것이라 걱정한다. 하지만 다른 해석이 가능하다. 노동에서 해방된 인간은 이제 '작업'과 '활동'에 더 집중할 수 있다. 바로 이 두 영역을 실현할 수 있는 구체적 방법이다. 누구나 무언가를 손으로 만들 수 있다. 요리, 목공, 도예, 뜨개질, 그림 그리기. 그 결과물이 완벽하지 않아도 상관없다. 중요한 것은 그 과정에서 인간이 작업의 기쁨을 느끼고, 다른 사람과 활동으로 연결된다는 점이다.

- **새로운 시대의 생존 전략**

　여기서 말하는 생존은 단순한 경제적 생존이 아니라 인간다운 삶을 유지하는 것이다. 과거에는 최신 디지털 기기를 다루는 능력이 경쟁력이었다. 하지만 이제는 손으로 무언가를 만들 수 있는 능력이 경쟁력이 되고 있다. 또 그것을 감상하고 가치를 인정할 줄 아는 안목도 중요한 자산이다.

　다른 사람의 시간에 의미 있는 영향을 미치는 능력이 중요해진 시대다. 핸드메이드는 시간을 소비하는 것이 아니라 시간에 가치를 더하는 방식이다. 무용한 인간의 시대에, 역설적으로 가장 가치 있는 것은 무엇일까? AI와 로봇이 잘하는 일을 굳이 손으로 하는 인간의 능력이다. 이것이 바로 '무용한 것의 유용함'이다.

6장. Demand it Yourself 시대 등장

7장

무용한 인간의 시대에서 우리는

아직도 인간이 유용한 분야 찾아보기

AI와 로봇이 인간의 노동을 빠르게 대체하고 있지만, 아직 인간만이 할 수 있는 영역이 존재한다. 이 영역들을 발견하고 발전시키는 것은 무용한 인간의 시대를 살아가는 첫 번째 지혜다.

인간은 여전히 복잡한 윤리적 판단에서 AI를 능가한다. AI는 데이터에서 패턴을 인식할 수 있지만, 궁극적인 도덕적 가치를 판단하는 데는 한계가 있다. 생명윤리, 자원 분배, 사회 정의와 같은 복잡한 문제에서 인간의 판단은 여전히 필요하다.

공감 능력과 감정 지능도 인간의 고유 영역이다. 인간은 미세한 표정 변화를 통해 다른 사람의 감정 상태를 읽어낼 수 있는 놀라운 능력을 가지고 있다. 인간이 무용해진 시대에는 위로와 돌봄, 정서적 지원을 제공하는 직업들은 인간의 무용함이 오히려 도움이 될 수 있는 분야다.

또한, 문화적 맥락과 사회적 뉘앙스를 이해하는 능력도 인간의 강점이다. 인간 문화의 미묘한 뉘앙스와 상황별 적응성은 단순한 데이터로 환원되기 어렵다. 다양한 문화적 배경을 가진 사람들 사이의 소통을 돕고, 갈등을 중재하며, 공동체를 형성하는 능력은 AI가 완벽히 모방하기 어려운 영역이다.

그러나 이러한 영역들에서도 AI는 인간을 보조하고 있다. 윤리적 판단에서 데이터 분석을 지원하고, 감정 인식 알고리즘이 감정 상태를 분석하며 다양한 가능성을 제시한다. 인간의 유용함은 AI와의 경쟁이 아닌, 협업을 통해 새롭게 정의되고 있다.

무용한 인간의 시대에서 유용함을 찾는 것은 '생산성'이나 '효율성'만이 아닌, 더 넓은 의미에서의 가치를 찾는 과정이어야 한다. 인간 번영의 핵심은 단순한 생산 능력이 아니라 다양한 형태의 가치 있는 기능을 발휘할 수 있는 능력에 있다.

앞으로 유용한 인간의 영역을 찾는 탐색은 단순히 직업적 안정성을 위한 것이 아니라, 인간 존재의 본질적 가치를 재확인하는 여정이다. 이 여정에서 중요한 것은 AI와 로봇이 할 수 없는 것을 찾는 것이 아니라, 인간으로서 우리가 진정으로 가치 있게 여기는 것이 무엇인지를 발견하는 것이다.

인간이 유용한 분야를 찾는 과정은 결국 '무엇이 인간을 인간답게 만드는가'라는 근본적인 물음으로 이어진다. 무용한 인간의 시대에서 우리는 생산 능력을 넘어선 인간성의 본질을 재발견하고, 그것을 바탕으로 새로운 형태의 유용함을 정의해 나가야 한다.

정확하게 요구한다는 것의 의미

무용한 인간의 시대에서 가장 중요한 능력은 단순히 요구하는 것이 아니라 정확하게 요구하는 능력이 필요하다. 정확하게 요구한다는 것은 다음과 같이 설명해 볼 수 있다.

첫 번째 조건은 명확한 목표 의식이다. 무엇을 원하는지, 그리고 왜 그것을 원하는지 분명히 알아야 한다. AI는 인간의 지시를 문자 그대로 받아들이기 때문에, 모호한 요구는 모호한 결과로 이어진다. '요구의 층위'에서 창의적 요구와 변혁적 요구를 하기 위해서는 더욱 명확한 목표 의식이 필요하다.

두 번째, 상황과 맥락에 대한 이해다. AI와 로봇은 입력된 정보만으로 작동하기 때문에, 인간이 상황의 맥락을 적절히 전달해야 한다. 같은 요구라도 맥락에 따라 전혀 다른 결과를 낳을 수 있다.

세 번째, 정교한 언어 사용 능력이다. 언어는 AI와 소통하는 가장 기본적인 도구다. 모호하고 추상적인 표현보다는 구체적이고 정확한 언어를 사용해야 한다. 이는 단순한 단어 선택의 문제가 아니라, 생각의 정확성과 직결된다.

네 번째, 피드백 수용과 조정 능력이다. 첫 번째 요구가 항상 완벽할 수는 없다. AI의 응답을 바탕으로 요구를 지속적으로 조정하고 개선하는 과정이 필요하다.

마지막으로 다섯 번째 조건은 윤리적 고려다. 정확한 요구는 단순히 기술적으로 정확한 것을 넘어, 윤리적으로도 책임 있는 요구여야 한다. AI는 요구의 윤리적 함의를 완전히 이해하지 못할 수 있기 때문에, 인간이 그 책임을 져야 한다.

정확하게 요구한다는 것은 단순한 기술적 정확성을 넘어, 자신과 세계에 대한 깊은 이해, 명확한 의도, 윤리적 책임감, 그리고 지속적인 학습과 조정의 자세를 의미한다. 무용한 인간의 시대에서, 이러한 정확한 요구의 능력은 인간이 여전히 세계에 의미 있게 참여할 수 있는 핵심 역량이 되었다.

무엇을 좋아하고 재미있어 하나요?

무용한 인간의 시대에서 좋아하는 것과 재미있는 것은 단순한 기호를 넘어 중요한 존재론적 질문이 되었다. AI와 로봇이 생산성과 효율성의 영역을 장악하면서, 인간에게는, 인간 고유의 가치를 발견하는 일이 더욱 중요해졌다.

무용한 것의 가치는 인간이 생산성이나 효율성보다 더 깊은 가치를 추구할 때 발견된다. 순수한 즐거움과 재미를 위한 활동들은 모두가 효율을 추구하는 세상에서 오히려 더 소중한 가치를 갖는다.

무용한 인간의 시대에서 자신이 진정으로 좋아하는 것을 찾는 과정은 단순한 취미 활동의 선택이 아니라, 자아 정체성을 탐색하는 여정이다. 생산과 효율을 위한 삶에서 벗어나, 자신만의 즐거움을 찾는 것은 예전보다 훨씬 중요한 삶의 과제가 되었다.

심리학에서는 내재적 동기 Intrinsic Motivation가 외재적 동기 Extrinsic Motivation보다 더 깊은 만족감을 가져온다고 말한다. 외재적 동기가 보상이나 인정 같은 외부 요인에 의한 것이라면, 내재적 동기는 활동 자체의 즐거움과 흥미에서 비롯된다.

"무엇을 좋아하고 재미있어 하나요?"라는 질문은 단순한 취향 조사가 아니라, 무용한 인간이 자신의 존재 의미를 찾는 근본적인 탐색이다. 생산의 의무에서 벗어난 인간은 이제 자유롭게 자신만의 취향과 열정을 발견하고, 그것을 통해 새로운 형태의 가치를 창출할 수 있게 되었다.

당신의 AI 리더십 점수는?

AI 시대에 리더십의 개념은 근본적으로 변화했다. 더 이상 리더십은 인간을 얼마나 잘 관리하는가가 아니라, AI와 로봇을 얼마나 효과적으로 활용하는가에 달려 있다. 당신의 AI 리더십 점수는 이 새로운 환경에서 얼마나 잘 기능하고 있는지를 보여주는 중요한 지표다. 우리는 모두 AI와 로봇에게 지시하고 그들의 능력을 활용하는 리더의 위치에 서게 되었다. 하지만 모든 리더십이 동등한 것은 아니다. AI 리더십의 핵심은 크게 네 가지 요소로 구성된다.

첫째, 비전 설정 능력이다. AI는 '무엇을' 해야 할지는 알려주지만, '왜' 그것을 해야 하는지는 인간이 정해야 한다. 궁극적인 목표와 방향을 설정하는 것은 여전히 인간의 몫이다. 당신은 명확한 비전과 목표를 설정할 수 있는가?

둘째, 프롬프트 엔지니어링 능력이다. AI에 효과적으로 지시하는 것은 단순한 기술이 아니라 일종의 예술이다. 당신은 복잡한 아이디어를 AI가 이해할 수 있는 명확한 지시로 변환할 수 있는가?

셋째, 결과 평가 능력이다. AI가 생성한 결과물을 비판적으로 평가하고, 필요시 수정 지시를 내릴 수 있어야 한다. 요구의 결과를 평가하고 조정하는 과정은 오로지 인간의 판단에 달려 있다. 당신은 AI의 출력물을 정확히 평가하고 개선 방향을 제시할 수 있는가?

넷째, 협업 능력이다. AI 리더십은 단순히 AI에 명령하는 것이 아니라, AI와 협업하여 최적의 결과를 얻어내는 것이다. 인간과 AI의 효과적인 협업은 각자의 강점을 극대화할 때 가능하다. 당신은 AI의 강점과 한계를 이해하고, 상호 보완적인 방식으로 협력할 수 있는가?

이 네 가지 요소에 따라 리더십 점수가 결정된다. 하지만 이러한 능력은 단순한 기술적 숙련도만을 의미하지 않는다. 더 깊은 차원에서, 리더십은 인간의 가치와 목적에 대한 명확한 이해, 그리고 이를 AI를 통해 실현하는 방법에 대한 통찰이 필요하다.

AI 리더십 점수를 높이기 위해서는 지속적인 학습과 실험이 필요하다. 또한, 윤리적 차원도 포함한다. 당신의 AI 리더십이 인류와 사회에 어떤 영향을 미칠지 고려하고, 그 영향이 긍정적인지 확인할 책임이 있다.

무용한 인간의 시대에서 AI 리더십 점수는 개인의 경쟁력과 직접적으로 연결된다. 하지만 더 중요한 것은, 이 점수가 당신이 어떤 세계를 만들고 싶은지, 그리고 그 세계에서 당신이 어떤 역할을 하고 싶은지를 반영한다는 점이다. AI 리더십은 단순한 도구 활용 능력이 아니라, 인간으로서의 비전과 가치를 실현하는 능력이다.

혹시 당신은 결정장애?

자신이 좋아하는 것을 찾는 과정은 단순하지 않다. 이는 반복적인 시도와 오류를 통해 조금씩 드러나는 탐색의 여정에 가깝다. 과거에는 새로운 것을 시도하는 데 시간과 자원이 많이 필요했지만, 지금은 그 장벽이 크게 낮아졌다. 다양한 시도를 통해 자신이 진정으로 좋아하는 것을 발견할 기회가 넓어진 것이다. 그러나 여기서 말하는 '좋아함'과 '재미'는 흔히 떠올리는 단순한 쾌락이나 즉각적인 즐거움이 아니다. 진정한 재미란 도전과 어려움을 포함한 과정 속에서, 의미 있는 성취와 함께 찾아온다. 단순한 자극이 아닌, 자신이 몰입하여 이룬 결과에서 오는 깊은 만족감이다.

이 지점에서 인간은 AI와 분명히 구별된다. AI는 '좋아한다'거나 '재미있다'는 감각을 시뮬레이션할 수 있지만, 실제로 경험할 수는 없다. 인간은 취향과 열정을 통해 세계와 특별한 관계를 맺고, 그 속에서 자신을 확인한다. 무엇을 좋아하는지 알고, 그것을 추구할 수 있다는 점은 인간만의 고유한 자율성을 보여준다. 다시 말해, 좋아함은 단순한 취미 활동의 차원을 넘어 인간 존재를 형성하는 핵심 요소라 할 수 있다.

또한 자신이 무엇을 좋아하고 즐길 수 있는지를 아는 것은 개인의 필요와 요구를 분명히 하는 중요한 단서가 된다. 진정으로 원하는 것을 알고, 그것을 구체적인 행동과 선택으로 옮기는 과정 속에서 비로소 인간은 자기만의 삶을 설계할 수 있다. 이는 타인의 지시나 AI의 권고에 따르는 삶이 아니라, 스스로의 가치와 취향을 기반으로 세계와 관계 맺는 삶이다.

따라서 무용한 인간의 시대에 좋아함과 재미는 더 이상 부차적이거나 사소한 요소가 아니다. 생산성의 틀에서 벗어난 인간은 이제 '무엇을 만들 수 있는가'보다 '무엇을 좋아하는가'를 통해 자신을 정의하게 된다. 결국 좋아하는 것을 아는 일은 인간의 자유와 자율성을 지탱하는 근본이며, 무용한 인간의 시대에도 여전히 우리를 인간답게 만드는 가장 본질적인 기준이 된다.

브랜드 혹은 감성

무용한 인간의 시대에 들어서면서 브랜드와 감성의 가치는 오히려 더 중요한 의미를 지니게 되었다. AI와 로봇이 기능적 효율성과 생산성을 장악한 상황에서, 인간만이 창출할 수 있는 정서적 가치와 의미는 차별화된 경쟁력이 된다. 브랜드는 단순한 로고나 상품명이 아니라 제품과 서비스에 부여된 상징적·정서적 가치의 총체이며, 이는 AI가 쉽게 복제할 수 없는 영역이다. 기능적으로는 동일하거나 오히려 부족하더라도, 특별한 스토리와 감성을 담은 제품이나 경험은 더 높은 가치를 인정받는다.

인간의 감성은 복잡하고 미묘하다. 상황에 따라 달라지는 감정과 그 해석은 기계적으로 복제될 수 없으며, 인간만의 고유한 힘이다. 감성의 가치는 크게 세 가지 차원에서 드러난다.

첫째, 타인의 감정을 이해하는 '감성 인식 능력'이다. 이는 인간관계의 불확실성과 복잡성을 다루는 데 필수적이다.

둘째, 자신의 감정을 적절히 전달하는 '감성 표현 능력'이다. 설득과 리더십의 핵심은 감정을 효과적으로 공유하는 힘에서 비롯된다.

셋째, 제품과 경험을 설계하는 '감성 디자인 능력'이다. 의미 있는 시간을 만들고 만족스러운 경험을 창출하는 능력은 결국 감성적 고려에서 나온다.

이러한 맥락에서 브랜드는 단순히 시장의 상업적 기호를 넘어 개인과 기업의 정체성을 규정하는 요소가 된다. 개인에게 있어 '퍼스널 브랜드'는 이미지 메이킹을 넘어 자신의 가치와 진정성을 일관되게 표현하는 과정이다. 생산 능력이나 기술적 숙련만으로는 평가받지 않는 시대에, 고유한 가치관과 태도를 드러내는 개인 브랜드는 새로운 자산으로 작용한다.

감성 지능이 높은 사람들은 AI 시대에서 특히 강점을 가진다. 그들은 데이터와 정보를 단순히 소비하는 데 그치지 않고, 이를 인간적 맥락과 의미로 해석해 공감과 소통으로 연결시킨다. 이는 조직과 사회에서 새로운 리더십의 핵심이자 상위 계층을 구분 짓는 중요한 역량이 된다. 기업 차원에서도 브랜드와 감성은 경제적 가치를 직접적으로 만들어낸다. 동일한 기능을 가진 제품이라도, 강력한 브랜드와 감성적 가치를 담은 제품은 훨씬 높은 가격과 충성도를 얻는다. 소비자들은 기능이 아니라 경험과 의미에 기꺼이 비용을 지불한다.

이 점에서 브랜드와 감성은 인간이 여전히 가치를 창출할 수 있는 핵심 영역이다. 손으로 만든 제품이 기계 생산품보다 높은 평가를 받는 이유는 기능적 우위가 아니라 그 속에 담긴 인간적 이야기와 감성이기 때문이다. 브랜드는 무용해 보이는 것에 의미를 부여하고, 감성은 그것을 가치로 전환하는 힘이다.

결국 무용한 인간의 시대에서 살아남는 핵심 전략은 기술적 효율성을 넘어서는 감성적 지능과 브랜드 역량을 갖추는 일이다. 그것이야말로 인간이 여전히 독창적이고 대체 불가능한 존재로 남을 수 있는 생존의 열쇠이자, 번영의 조건이다.

당신의 시간은 누가 주인공?

무용한 인간의 시대는 '시간'이라는 자원을 전례 없이 풍부하게 만들었지만, 동시에 그 어느 때보다 중요한 문제로 부각시켰다. AI와 로봇이 노동을 대신하면서 많은 자유 시간이 생겼지만, 그 시간을 누가 주도하는지는 또 다른 질문이다. 연구에 따르면 AI를 활용하는 직장인들은 하루 평균 2시간을 절약한다고 한다.

그러나 이렇게 남는 시간이 곧바로 자유와 행복으로 이어지지는 않는다. 디지털 산업은 오히려 우리의 주의를 붙잡아 시간을 '빼앗는' 전략을 발전시켜왔다. 소셜 미디어, 스트리밍, 게임은 끝없이 시간을 요구하며, 우리는 종종 그 흐름에 휩쓸린다. 따라서 '시간의 주인공'이 되기 위해 필요한 것은 단순한 관리가 아니라 주권의 회복이다.

첫째, 시간 인식 능력이다. 하루를 어디에 얼마나 쓰고 있는지 객관적으로 파악해야 한다.

둘째, 시간 설계 능력이다. 자신의 가치와 목표에 맞게 시간을 배분하고, 의미 있는 활동에 우선순위를 두는 힘이다.

셋째, 시간 보호 능력이다. 외부의 방해와 유혹으로부터 시간을 지켜내고, 진정한 목적을 위해 경계를 설정하는 것이다. 하루가 끝날 때 "오늘 나는 내가 가치 있다고 여기는 일에 시간을 썼는가?"라는 질문을 던져보면, 누가 시간의 주인인지 확인할 수 있다. 만약 답이 '아니오'라면, 시간의 주도권은 이미 타인이나 알고리즘에 넘어간 것이다. 실제로 현대인은 즉각적인 쾌락을 주는 활동에 몰두하며 순간적 만족에 시간을 소모한다. 그러나 이는 장기적인 성취나 행복으로 이어지지 않으며, 오히려 정신적 공허와 불안을 키우기도 한다.

무용한 시대에서 시간의 가치는 단순한 효율이나 생산성과는 다른 기준으로 평가된다. 외부에서 볼 때는 '무용해 보이는' 활동이라도, 그것이 자신에게 의미와 기쁨을 준다면 유용한 시간이다. 중요한 것은 남는 시간을 어떻게 소비하는가가 아니라, 그 시간을 누구의 기준과 가치에 따라 소비하는가이다. 시간의 주권을 스스로 쥔 사람만이 무용한 시대를 자유와 성취의 시대로 바꿀 수 있다.

무엇을 시도하고 있나요?

과거 시도가 생존과 생산을 위한 필수적 행위였다면, 이제는 AI와 로봇이 대부분의 기능을 대체하면서 인간의 시도는 '해야만 하는 것'이 아니라 '하고 싶은 것'에 가까워졌다. 기술의 발달로 시도의 비용은 거의 0에 수렴했고, 실패의 위험은 크게 줄어들었다. 이는 누구나 다양한 가능성을 탐색할 수 있는 환경을 만들었으며, 시도 자체가 하나의 가치가 되었다. 이 시대의 시도는 세 가지 차원으로 나눌 수 있다.

첫째, 의미 탐색의 시도다. 생산의 의무에서 벗어난 인간에게는 자신이 진정으로 중요하게 여기는 것이 무엇인지 찾는 과정이 필요하다.

둘째, 관계적 시도다. 인간관계는 불편하지만 동시에 성장의 토대이며, 함께 시간을 나누고 새로운 관계를 만들어가는 행위는 AI가 대신할 수 없는 영역이다.

셋째, 변혁적 시도다. 현실을 바꾸고 더 나은 방향으로 이끌고자 하는 도전은 여전히 인간만의 고유한 힘이다.

최종 산출물은 AI가 더 완벽히 만들어낼 수 있더라도, 인간이 직접 시도하며 느끼는 성취감과 학습의 기쁨은 대체 불가능하다. 모든 것이 시도 가능한 시대일수록 중요한 것은 무엇을 시도할 가치가 있는가를 스스로 결정하는 능력이다. '무엇을 시도하고 있는가'라는 질문에 답할 수 있을 때, 무용한 인간은 비로소 자기 존재의 의미를 다시 쓸 수 있다.

무용한 시대에서 의미 찾기

이제는 단순히 생산 능력의 상실에 관한 이야기가 아니라, 인간 존재의 의미에 대한 근본적인 질문을 제기한다. 생산과 효율이 최고의 가치로 여겨지던 시대가 지나가고, 우리는 이제 새로운 의미의 원천을 찾아야 한다.

무용한 시대에서 의미를 찾는 첫 번째 방법은 '관계'에 있다. 혼자는 외롭고 함께는 불편한 현실 속에서도, 인간관계는 여전히 가장 깊은 만족감과 의미의 원천이다. AI가 아무리 발전해도 인간 사이의 진정한 유대와 공감은 완전히 대체할 수 없다.

두 번째 의미의 원천은 '창조성'이다. 생산의 의무에서 해방된 인간은 이제 더 자유롭게 창조적 활동에 참여할 수 있다. 창의적 요구와 변혁적 요구는 단순한 기능적 요구를 넘어 더 깊은 의미를 갖는다. 창조는 더 이상 생존이나 성공을 위한 수단이 아니라, 그 자체로 의미 있는 활동이 된다.

세 번째 의미의 원천은 '성장'이다. 인간은 끊임없이 배우고 발전하는 과정에서 깊은 만족감을 느낀다. 인간과 AI의 협업은 인간에게 새로운 학습과 성장의 기회를 제공한다. 자신의 한계를 넘어서는 경험은 생산성을 높인다는 개념을 넘어서서 무용함 속에서도 의미를 찾을 수 있는 강력한 방법이다.

네 번째 의미의 원천은 '기여'다. 생산적 가치를 넘어, 다른 사람과 사회에 긍정적인 영향을 미치는 것에서 깊은 의미를 찾을 수 있다.

다섯째 의미의 원천은 '자기 이해'다. 무용한 인간의 시대는 역설적으로 자기 자신을 더 깊이 이해할 기회를 제공한다. 자신의 필요를 이해하는 것은 효과적인 요구의 출발점이자, 의미 있는 삶의 기초가 된다.

'무엇을', '어떻게'는 사라지고 '왜'만 남은 세상

무용한 인간의 시대는 '어떻게'와 '무엇을'에서 '왜'로의 근본적인 전환을 가져왔다. AI와 로봇이 무엇을 할지, 어떻게 할지에 대한 질문에 답을 제공하게 되면서, 인간에게는 왜 해야 하는지에 대한 질문만이 남게 되었다.

과거에 인간은 모든 것을 스스로 해야 했다. 목적지에 가기 위해 어떤 경로를 택할지, 음식을 만들기 위해 어떤 재료와 방법을 사용할지, 정보를 얻기 위해 어떤 책을 참고할지 등 모든 결정을 인간이 내려야 했다. 하지만 이제 AI가 이러한 결정을 대신할 수 있게 되었다.

내비게이션 앱은 목적지만 알려주면 최적의 경로를 제안한다. 레시피 AI는 원하는 요리 스타일과 재료만 알려주면 상세한 조리법을 제공한다. 검색 엔진은 질문만 입력하면 관련 정보를 찾아준다. 그러나 '왜'에 대한 질문은 여전히 인간만의 영역으로 남아있다. 왜 그 목적지에 가려고 하는지, 왜 그 요리를 만들고 싶은지, 왜 그 정보를 알고 싶은지는 오로지 인간만이 답할 수 있는 질문이다. '왜'는 가치와 의미에 관한 질문이며, 이는 AI가 쉽게 대체할 수 없는 인간 고유의 영역이다.

'무엇을'과 '어떻게'는 사라지고 '왜'가 남은 세상은 위기인 동시에 기회다. 인간이 일상적인 작업과 결정에서 해방되어 더 근본적인 질문에 집중할 수 있게 된 것은 축복이다. 그러나 그 축복을 누리기 위해서는 우리는 그 질문에 진지하게 대면해야 한다. 무용한 인간의 시대에서, 우리는 생산 능력이나 기능적 유용성이 아닌, 다른 차원에서 인간의 가치와 의미를 재정의해야 한다. 그 재정의의 중심에 바로 '왜'라는 질문이 자리하고 있다. 인간은 더 이상 수단이 아니라 목적 그 자체가 된다. 이것이 바로 무용한 인간의 시대가 우리에게 제시하는 궁극적인 지향점이다.

나오며

I am
Who
I am

　이 책을 시작할 때, 우리는 인간이 무용해지는 세상에 대한 두려움과 불안을 함께 나누었습니다. AI와 로봇이 인간의 자리를 대체하는 현실에 직면하여 우리는 혼란스러웠고, 때로는 절망적이기까지 했습니다. 가치 있는 존재로서의 정체성이 흔들리는 경험은 쉽지 않기 때문입니다.

　그러나 이 여정을 함께 걸으며 우리는 중요한 깨달음을 얻었습니다. 인간의 무용함은 끝이 아니라 시작입니다. 그것은 쇠퇴가 아니라 변환의 과정입니다.

　프롤로그에서 언급한 말의 이야기를 다시 생각해 봅시다. 자동차의 등장으로 운송 수단으로서의 역할을 잃은 말은 사라지지 않았습니다. 오히려 그들은 새로운 의미와 가치를 획득했습니다. 생산성이라는 단일한 척도에서 해방되어, 아름다움과 자유, 우아함의 상징으로 재탄생했습니다. 그리고 흥미롭게도, 그들의 가치는 유용했던 시절보다 오히려 더 높아졌습니다.

　인간도 마찬가지입니다. 우리가 생산이라는 좁은 틀에서 벗어날 때, 우리의 진정한 가치는 오히려 더욱 빛날 수 있습니다. '무용한' 시대야말로 '인간다움'의 본질을 재발견하는 시간입니다.

　1부에서 우리는 인간이 왜 무용해졌는지 살펴보았습니다. 대퇴사의 시대, 늘어나는 정신질환, 남아도는 시간, 고립된 개인들....이 모든 현상의 근원에는 인간 생산력의 가치 하락이 자리 잡고 있었습니다. AI와 로봇은 고소득자부터 저소득자까지, 전문가부터 비숙련 노동자까지, 인간의 모든 자리를 차례로 대체하고 있습니다.

　2부에서는 이 무용함의 역사적 맥락을 탐구했습니다. 인간과 인간의 지배 관계에서 시작하여, 가축, 기계, 컴퓨터와의 관계를 거쳐, 지금의 AI/로봇과의 관계에 이르기까지 인류의 위치는 끊임없이 변화해 왔습니다. 과거에는 인간이 모든 도구의 주인이었지만, 이제는 그 경계가 모호해지고 있습니다. 우리는 AI를 지배하는 황제가 될 수도, 그에게 지배당하는 피지배자가 될 수도 있습니다.

　3부에서는 무용한 인간에게 남겨진 가능성을 모색했습니다. 생산이 아닌 '요구'의 동사가 우리의 새로운 역할이 되었고, DIY(Do It Yourself) 시대에서 DIY(Demand It Yourself) 시대로의 전환을 목격했습니다. 그리고 결론에서는 무용한 시대에 의미를 찾고, 궁극적으로 'I am Who I am'의 선언에 도달했습니다.

　이 책의 여정을 돌아보면, 우리는 처음에 두려워했던 '무용함'

이 사실은 위기가 아닌 기회였음을 깨닫게 됩니다. 그것은 인류가 수천 년간 스스로에게 부과해 온 '유용함'이라는 굴레에서 벗어날 수 있는 역사적 기회입니다.

인간은 도구가 아닙니다. 우리는 생산성이라는 단일한 척도로 평가될 수 없는 복잡하고 경이로운 존재입니다. 무용한 인간의 시대는 우리에게 진정한 자유를 선사합니다. 생산해야 한다는 의무에서 벗어나, 존재 자체의 의미와 아름다움을 발견할 자유를 말입니다.

고대 그리스인들은 스콜레Scholē라는 개념을 소중히 여겼습니다. 이는 단순한 여가가 아니라, 생산의 압박에서 벗어나 진정한 인간성을 탐구하고 표현할 수 있는 자유로운 시간을 의미했습니다. 그들에게 이런 시간은 인간이 가장 인간다워질 수 있는 순간이었습니다. 무용한 인간의 시대는 어쩌면 온 인류가 이런 '스콜레'의 상태에 도달할 수 있는 전례 없는 기회일지도 모릅니다.

물론 이 여정은 쉽지 않을 것입니다. 수천 년간 인류를 지배해 온 생산성의 패러다임을 뛰어넘는 일은 깊은 불안과 혼란을 동반할 수밖에 없습니다. 그러나 역사적으로 모든 위대한 변환은 고통스러운 과정이었습니다. 농경사회에서 산업사회로의 전환, 아날로그에서 디지털로의 전환….이런 시기를 지나온 인류는 이번에도 결국 새로운 의미와 균형을 찾을 것입니다.

인간은 생산하는 존재 이상의 무엇입니다. 우리는 사랑하고, 꿈꾸고, 창조하고, 의미를 찾는 존재입니다. 무용한 인간의 시대에서, 우리는 비로소 이런 본질적 특성들에 더 깊이 연결될 수 있습니다. 이제 마지막 질문을 던져봅니다. 당신은 무엇을 위해 존재합니까? 더 이상 생산성이나 유용함이 유일한 대답이 될 수 없는 시대에, 당신은 어떤 의미를 선택하겠습니까?

그 질문과 함께, 이 책을 마칩니다. 그리고 무용한 인간으로서의 새로운 여정이 시작됩니다. 그것은 불확실하지만, 무한한 가능성으로 가득 찬 여정입니다. 이 여정에서, 당신이 발견하게 될 새로운 의미와 아름다움을 진심으로 응원합니다.

참고 문헌

도서

- 니콜라스 카, 《생각하지 않는 사람들》, 청림출판, 2015
- 닉 보스트롬, 《슈퍼인텔리전스: 경로, 위험, 전략》, 까치, 2017
- 닐 포스트먼, 《테크노폴리: 기술이 문화를 지배할 때》, 민음사, 2001
- 마르틴 부버, 《나와 너》, 대한기독교서회, 2020
- 마셜 살린스, 《석기시대 경제학》, 한울아카데미, 2023
- 막스 베버, 《경제와 사회》, 문학과지성사, 2005
- 메리 비어드, 《로마 황제는 어떻게 살았는가》, 책과함께, 2024
- 미하이 칙센트미하이, 《몰입, FLOW》, 한울림, 2005
- 버트런드 러셀, 《게으름에 대한 찬양》, 사회평론, 2005
- 아리스토텔레스, 《니코마코스 윤리학》, 현대지성, 2022
- 아리스토텔레스, 《정치학》, 현대지성, 2024
- 애나 렘키, 《도파민네이션》, 흐름출판, 2022
- 얀 뤼카선, 《인간은 어떻게 노동자가 되었나》, 모티브북, 2023
- 에마뉘엘 레비나스, 《전체성과 무한: 타자성에 대한 시론》, 그린비, 1961
- 지그문트 바우만, 《액체 근대》, 강, 2000
- 최준형, 《직무의 종말》, 파지트, 2024
- 한나 아렌트, 《인간의 조건》, 한길사, 2019
- 한병철, 《피로사회》, 문학과지성사, 2012

기사와 논문

- "아마존, 로봇 자동화로 10만 명 감축…이미 도래한 노동시장 변화", 디지털투데이(2024.4.23.)

  https://www.digitaltoday.co.kr/news/articleView.html?idxno=514928

- "사람도 조명도 없이…24시간 가동 '다크팩토리' 온다", 동아일보(2025.5.23.)

  https://www.donga.com/news/Economy/article/all/20250523/131666228/2

- "'30초에 모델Y 1대 생산' 테슬라, 中 상하이 기가팩토리 자동화율 95% 끌어올려", M 투데이(2024.7.19.)

  https://www.autodaily.co.kr/news/articleView.html?idxno=521447

- "딱 받은 만큼만 일한다"…2030 직장인 대세 된 '조용한 사직', 한국경제(2022.10.20.)

  https://www.hankyung.com/article/2022101992557

- "Labelers training AI say they're overworked, underpaid and exploited by big American tech companies", CBS NEWS(2025. 6. 29.)

  https://www.cbsnews.com/news/labelers-training-ai-say-theyre-overworked-underpaid-and-exploited-60-minutes-transcript/

- "'브래드 피트 소속사서 AI 배우 클론 테스트 중…' 새로운 기회 창출", AI 타임즈(2024.4.18.)

  https://www.aitimes.com/news/articleView.html?idxno=158923

- "더 똑똑해진 개?…현대 종 뇌 용적 고대 종보다 커져", 연합뉴스(2023. 5. 15.)

  https://www.yna.co.kr/view/AKR20230515094700009

- "국내기업 50만 곳 AI 도입했지만, 절반만 AI 기본법 인지… '양극화 경제 위험신호'", AI Matters(2025. 7. 7.)

  https://aimatters.co.kr/news-report/ai-report/25812/

- "가트너, 'AI 코드 어시스턴트 사용 2028년까지 급증' 전망", Acrofan(2024. 4. 15.)

  https://kr.acrofan.com/detail.php?number=338540

- "There is no competition for food between livestock and people", Euromeat(2025. 1. 4.)

  https://www.euromeatnews.com/Article-There-is-no-competition-for-food-between-livestock-and-people/5997

- 신영민 외 「한국의 노동시간 계층화에 대한 연구」, 『한국사회정책 제23권 제3호』, 2016
- 신은화, 「AI 시대 인간의 정체성과 소외」, 『동서인문 제15호』, 경북대학교 인문학술원, 2021
- Jordyn Young 외 「The Role of AI in Peer Support for Young People: A Study of Preferences for Human- and AI-Generated Responses」, 『CHI '24: Proceedings of the 2024 CHI Conference on Human Factors in Computing Systems. Article No.: 1006, Pages 1 - 18』, (2024)

기타 자료

- 대한상공회의소, 〈100대 기업 인재상 보고서〉, 2023
- 한국은행, 〈AI와 노동시장 변화〉, 한국은행 BOK 이슈노트 제2023-30호 (2023.11.20.)
- 한국은행, 〈미혼 증가와 노동공급 장기추세〉, 한국은행 BOK 이슈노트 제2024-1호(2024.01.08.)
- KDI 한국개발연구원, 〈KDI 경제전망, 2024 하반기〉(2024.11.12.)
- Yulin Wang, 〈Humanoid Robots 2025-2035: Technologies, Markets and Opportunities〉, IDTechEX
- McKinsey, 〈The state of AI: How organizations are rewiring to capture value〉, 2025
- Shubham Singh, 〈ChatGPT Statistics (2025) - Daily & Monthly Active Users〉, 2025
- Azure OpenAI Pricing https://azure.microsoft.com/en-us/pricing/details/cognitive-services/openai-service/
- Reuters Institute for the Study of Journalism, 〈Digital News Report 2024〉
- Salesforce Research, 〈New Research: 60% of Marketers Say Generative AI will Transform Their Role, But Worry About Accuracy〉
- Reuters Institute for the Study of Journalism, 〈Digital News Report 2024〉
- "New EY research reveals the majority of US employees feel AI anxiety amid explosive adoption", EY LLP(2023.8.6.)
- The Results Are In: The UK's Four-Day Week Pilot, Autonomy(2023)

무용한 인간론
쓸모의 끝, 의미의 시작

초판 1쇄 발행 2025년 10월 20일

지은이 최준형

펴낸이 김재원, 이준형
디자인 김지혜

펴낸곳 비욘드날리지 주식회사
출판등록 제2023-0001117호
E-Mail admin@tappik.co.kr

ⓒ 최준형
ISBN 979-11-991840-5-3 (03300)

- 책값은 뒤표지에 적혀 있습니다.
- 잘못 만든 책은 구입하신 서점에서 바꾸어 드립니다.
- 날리지는 비욘드날리지의 인문·교양 레이블입니다.
- 이 책은 저작권법에 따라 보호받는 저작물이므로 무단전재와 무단복제를 금합니다.